Korfu

Nikos Varelas

Inhalt

Romantisches Korfu-Wahrzeichen:
Kloster Vlachérna vor der Halbinsel Analípsis

Kalós oríssate!

Korfu im Internet	5
Willkommen	6
Geschichte	12
Gut zu wissen	14
Feste & Unterhaltung	18
Unterwegs mit Kindern	21
Übernachten	22
Essen & Trinken	24
Kulinarisches Lexikon	26
Aktivurlaub	28
Sprachführer	32
Reise-Infos ⟶ ***Notfall***	34

Zu Gast auf Korfu

Orte von A bis Z

Acharávi	40
Afiónas	42
Ágios Geórgios Argirádon (St. George South)	43
Ágios Geórgios Pagón (St. George North)	43
Ágios Górdis	44
Ágios Ioánnis / Ágios Stéfanos Avliotón	46
Ágios Stéfanos Siniés	47
Aríllas / Astrakerí	48
Barbáti	49
Benítses	50
Dafníla	51
Dassiá	52
Érmones	55
Gardíki	56
Gastoúri	57
Gouviá / Kalámi	60
Kassiópi	62

Traumhafte Buchten mit kristallklarem Wasser machen den Reiz von Korfus Küsten aus

Kávos	64
Kéndroma / Kérkira (Korfu-Stadt)	66
Kontokáli	80
Lákones	81
Lefkími	82
Liapádes	84
Makrádes	85
Messongí & Moraítika	86
Mirtiótissa	89
Nissáki / Paleokastrítsa	90
Paléo Períthia	92
Pantokrátor	93
Paramónas	94
Pélekas	95
Perivóli / Perouládes	96
Petríti	97
Róda	98
Sidári	99
Sparterá	101

12 Highlights

Einsame Strände in Ágios Geórgios Argirádon	43
Dafníla – Luxushotels und schöne Inselkirche	51
Achíllion, Sissis Sommerresidenz	58
Bilderbuchhafen von Kouloúra	62
Kérkira, die Inselhauptstadt	66
Kanóni und Vlachérna-Kloster	79
Lefkími, ein unberührtes Dorf	82
Mittelalterliche Burg Angelókastro	86
Strände beim Kloster Mirtiótissa	89
Buchten von Paleokastrítsa	90
Paléo Períthia, ein Dorf aus venezianischer Zeit	92
Pantokrátor, Korfus höchster Berg	93

Inhalt

Ausflugsziele
Diapontische Inseln	102
Páxos	103
Ioánnina	104

Extra-Touren

Tour 1: Griechischer Alltag – Ein Stadtbummel durch Kérkiras Altstadt	108
Tour 2: Majestäten und Maler – Ein Spaziergang auf den Spuren großer Namen	110
Tour 3: An den Hängen des Pantokrátor – Zu Fuß oder per Jeep durch die Berge	112
Tour 4: Korfus schönste Strände – Erkundungstour an der Westküste	114
Tour 5: Bootsausflug zum Baden und Bummeln – Die Insel Páxos	116
Register	118
Bildnachweis/Impressum	120

Karten und Pläne

Kérkira	70
Análipsis	79

20 Reisetipps Korfu

Spartipps	16	Tolle Aussichtspunkte	68
Ausgefallene Volksbräuche	19	Rabatte für Kulturfans	69
Kalkulieren im Restaurant	25	Einkaufstipp	74
Wellness auf Korfu	29	Disco-Meile in Kérkira	75
Die schönsten Strände	31	Ostern in Kérkira	76
Esoterik-Zentren	48	Wohnen im alten Gutshof	91
Familienpension in Aríllas	49	Ingwerbier in Sokráki	93
Griechischer Abend	53	Familienpension in Paramónas	94
Taverne Trípa in Kinopiástes	56	Traveller-Treff in Pélekas	95
In Kalámi Durrell lesen	62	Spaziergang zum Kap Drástis	97

Korfu im Internet

Immer mehr Hotels, Tavernen, Reisebüros, Autovermieter und Sportstationen auf Korfu stellen sich auch im Internet dar. Oft überwiegt jedoch der Platz für Fotos den für Textinformationen bei Weitem. Über aktuelle Preise wird zumeist gar nicht informiert.
Landeskennung: gr

Hotelbuchungen
Neben den bekannten Last-Minute-Seiten deutscher, österreichischer und Schweizer Reiseveranstalter und Reisebüros gibt es auch viele Seiten von Hotels und Pensionen, die direkte Buchungsmöglichkeiten über E-Mail anbieten. Das ist aber nicht immer vorteilhaft; manchmal zahlt man bei Buchung übers Internet sogar mehr als bei Buchungen an der Haustür des Vermieters.

Web-Seiten in Deutsch
www.griechische-botschaft.de Der Online-Informationsdienst der Presseabteilung der Griechischen Botschaft in Berlin. Interessante Kurzmeldungen aus Politik, Wirtschaft und Kultur.
www.kerkyra.gr Offizielle Website des Regierungsbezirks Korfu, sehr umfangreich und ergiebig, nur auf Englisch.
www.germanblogs.de Im Reise-Blog zahlreiche Beiträge zu Korfu.
www.corfu-beaches.com Sehr informative und kritische englischsprachige Beschreibung fast aller korfiotischen Strände inklusive Fotos.
www.pelekas.com Erstklassige Website der Ausländer-Community im Binnendorf Pélekas, die sich aber nicht auf das Dorf selbst beschränkt.
www.griechenland.net Homepage der wöchentlich erscheinenden Griechenland-Zeitung.
www.terrakerkyra.gr Homepage eines korfiotischen Touristen-Magazins mit vielen guten Fotos, Chat-Forum, Nachrichten, Veranstaltungskalender, Flug- und Schiffsfahrplänen sowie Abfahrtszeiten der Linienbusse aufs Festland. Kommerzielle Infos zu Mietwagen, Hotels, Ferienwohnungen, Campingplätzen. Langsam, aber relativ gut.
www.corfu.de Private Website eines Korfu-Fans, u.a. mit Chat-Forum und einer speziellen Rubrik mit griechischen und korfiotischen Kochrezepten.
www.pelekas.de Private Homepage eines Pélekas-Fans mit einem virtuellen Rundgang durchs Dorf.
www.in-greece.de Gutes Chat-Forum für alle Griechenland-Fans.

Web-Seiten in Englisch
www.gnto.gr Offizielle Seite der Griechischen Zentrale für Fremdenverkehr, die von Jahr zu Jahr besser wird.
www.culture.gr Exzellente Seite des griechischen Kultusministeriums. Hier finden Sie ausführliche Infos zu nahezu allen Museen und Ausgrabungsstätten des Landes samt Angaben zu Öffnungszeiten und Eintrittspreisen.
www.ekathimerini.com Online-Ausgabe einer der großen griechischen Tageszeitungen. Politik, Wirtschaft und Kultur Griechenlands.
www.gogreece.com Allgemeines Webdirectory für ganz Griechenland. Infos zu Sport, Business, Wirtschaft, Politik.
www.ktel.org Seite der regionalen Linienbusgesellschaften Griechenlands, auch der von Korfu. In der Regel sind die aktuellen Busfahrpläne ins Netz gestellt.

Und das Wetter:
www.wetteronline.de/Griechenland/Korfu.htm

Kalós o

So begrüßen die Griechen traditionell einen Fremden. Auf Korfu hört man aber auch oft die Grüße ›Benvenuti‹, ›Welcome‹ oder gar ›Willkommen‹, denn die Insel ist sehr viel kosmopolitischer als ihre Schwestern in der Ägäis. Jahrhundertelang stand sie unter venezianischer Herrschaft, danach wurde sie von Briten verwaltet. Auch die Landschaft vermittelt zwischen dem verkarsteten Balkan und den

ríssate

grünen Hügeln Italiens. Dichte Olivenbaumwälder, aus denen immer wieder dunkle, spitze Zypressen in den Himmel ragen, überziehen die gesamte Insel. Die Architektur ist ebenso wie die Musik von venezianischen Einflüssen geprägt. Obwohl es auf Korfu fast 250 Orte gibt, findet der Besucher noch viel Stille in der Natur und Badebuchten für jeden Geschmack.

Fährmann am Golf von Kanóni

Willkommen

»Griechenland in Grün«

Korfu ist eine der schönsten Inseln Griechenlands. Sie wirkt aus der Luft wie ein dichter grüner Teppich, in den immer wieder kleine Dörfer eingewoben sind. Manche liegen als ehemalige Fischerdörfer direkt am Meer, die meisten aber liegen in jahrhundertealten Olivenbaumwäldern eingebettet an Berghängen, in kleinen Hochtälern und sogar auf Hügelkuppen. Selbst in den Küstenorten, wo in den letzten 25 Jahren viel neu gebaut wurde, sind ihre Dächer oft mit roten Ziegeln gedeckt. In den Berg- und Binnendörfern haben die Ziegel die Patina der Jahrhunderte angenommen. Dort sind immer noch viele der meist mehrgeschossigen Landhäuser aus Naturstein erbaut und in zarten Pastelltönen gestrichen.

Die Bordüre der Insel bilden helle Sandsteinklippen und steil abfallende Felswände, kilometerlange Sandstrände mit Dünen und schmale Kieselsteinstrände. Oft reichen Olivenhaine bis unmittelbar ans Wasser heran, zwischen deren silbrig-grün in der Sonne schimmernden Blättern zahllose schlanke Zypressen dunkelgrün in den meist blauen Himmel ragen.

Eine Vielzahl von Buchten gliedert die Ostküste. Von ihr blickt man im äußersten Norden zum nur 2 km entfernten Albanien und sonst überall zum nahen griechischen Festland hinüber. Von der Westküste aus schaut man hingegen auf die Weite des offenen Meeres. Es gibt noch weitgehend einsame Strände für kleine Robinsonaden und Buchten, deren Ufer viele Tavernen und gut ausgestattete Wassersportstationen säumen. Auf Korfu findet jeder den Typ von Strand, den er bevorzugt.

Vielseitiges Korfu

Korfu ist vielseitig. Ob Wassersport, ob Wandern, alles ist möglich. Jeden Tag kann man etwas anderes unternehmen. Die Wahl der Verkehrsmittel reicht vom Linienbus bis zum Cabrio oder Jeep als Mietwagen, vom Mountainbike bis zur Enduro, vom Pferd bis zum Taxi.

Die Insel ist dennoch klein genug, um jeden Abend in sein Quartier zurückkehren zu können, und groß genug, um jeden Tag neue Ziele anzusteuern. Wenn es doch einmal spät oder feuchtfröhlich wird, findet man überall und jederzeit – außer im August – ein preiswertes oder auch ein luxuriöses Zimmer für eine Nacht.

Ein ›Muss‹ unter den Ausflugszielen ist die Inselhauptstadt Kérkira. Nur wenige andere griechische Städte haben eine so große, noch völlig intakte Altstadt, in der die Atmosphäre vergangener Jahrhunderte lebendig wird. Mit ihren vielen Museen und unzähligen Ge-

Im Inselinneren, hier beim Dorf Ágios Márkos, erinnert die Landschaft an Italien

schäften, Straßencafés und Tavernen bietet sie Interessantes und Unterhaltsames für mehr als einen Tag. Hier ist die Auswahl an exzellenten Restaurants und Tavernen besonders groß. Als Shopping-Meile sind die marmorgepflasterten Altstadtgassen auf der ganzen Insel ohne Alternative. Und auch am Abend ist Kérkira ein besonders lohnendes Ausflugsziel. Die Korfioten lieben die Musik, Konzerte von Klassik bis Folklore finden im Theater und im Freien statt. Auf dem ›Disco-Strip‹ zwischen dem Fährhafen und Kontokáli treffen sich die Inseljugend und das internationale Publikum. Discos und Music-Clubs gibt es natürlich auch in allen Ferienorten.

Bootsausflüge sind das i-Tüpfelchen auf jedem Korfu-Urlaub. Zwei Ziele bieten sich an: das grüne Páxos im Süden und die einsamen Diapontischen Inseln im Norden. Wer mag, kann von Kérkira aus auch die Unterwasserwelt vor der Küste trockenen Fußes von einem Spezialboot aus bestaunen oder mit der Fähre aufs Festland übersetzen.

Zeitreise durch 2700 Jahre

Spuren aus der griechischen Antike kann man auf Korfu nur an einigen wenigen Stellen entdecken. Vor allem auf dem Gebiet der antiken Stadt Kérkira sind einige Grundmauern von Tempeln erhalten sowie einige wenige Kubikmeter Stadtmauer. Vom einstigen Wohlstand der Insel künden die Kunstwerke im Archäologischen Museum von Kérkira. Die Römer hinterließen Reste zweier Thermen bei Róda und Benítses. Auch aus der Zeit, als Korfu wie ganz Griechenland ein Teil des mächtigen, von Konstantinopel aus regierten Byzantinischen Reichs war, ist nur wenig zu sehen: ein paar Kirchen und Ikonen. Doch hat jene Epoche, die vom 6. Jh. bis 1204 währte, die Korfioten ganz entscheidend geprägt: Damals erfuhr der orthodoxe Glaube seine Ausformung, an der sich bis heute kaum etwas verändert hat. Er ist auf Korfu wie im ganzen Land neben der Sprache das bedeutendste Kriterium fürs Nationalbewusstsein.

Beeindruckend viele Spuren hat auf Korfu die venezianische Zeit hinterlassen, in der die Insel einen letzten Außenposten der Serenissima vor der Einfahrt in ihr Heimatmeer, die Adria, darstellte. Hätten die Türken jemals Korfu erobert, wäre Venedig in Bedrängnis geraten – doch blieb die Insel zusammen mit den meisten anderen Ionischen Inseln der einzige Teil Griechenlands, der nie unter türkische Herrschaft geriet. So brauchte sich hier die christliche Kultur nicht gegen völlig Andersgläubige zu behaupten. Zwar

Willkommen

unterdrückten auch die römisch-katholischen Papisten die Kirche des korfiotischen Volkes, gleichzeitig aber förderten sie die orthodoxe Kunst. So entwickelte sich hier im Lauf der Jahrhunderte ein Bau- und Malstil, der Elemente aus der Renaissance und dem römischen Katholizismus aufnahm und der Erstarrung entgegenwirkte, die weite Teile des von den Türken beherrschten Hellas erfasste.

Schöne Dörfer

Deutliche Spuren hat die venezianische Zeit mit ihren Burgen und den für griechische Kirchen ungewöhnlichen, frei stehenden und hoch aufragenden Kirchtürmen – so genannten Campanili – hinterlassen. Der byzantinische Kreuzkuppelbau ist die Ausnahme, die lateinische Basilika die Regel. In der Dorfarchitektur fallen die alten Landhäuser mit den weit heruntergezogenen, ziegelgedeckten Vordächern (so genannten *xechíti* oder *skepásti)* und außen vorgebauten Treppenpodesten *(bótsos)* auf. Typisch für die alten Dörfer und sogar für die Stadt sind auch die überwölbten Passagen, nach dem Italienischen *sotopórtego* genannt. Auf dem Land sind die Häuser meist zweigeschossig, farbig gestrichen und mit Ziegeln gedeckt – die weißen Kuben der Ägäis sucht man hier vergeblich.

Obwohl Korfu schon seit über 100 Jahren Touristen empfängt – wobei zu den ersten die österreichische Kaiserin Elisabeth und der deutsche Kaiser Wilhelm II. gehörten –, ist das Leben in den Dörfern ursprünglicher geblieben als auf vielen anderen Inseln. Besonders im Süden sieht man noch viele Landfrauen mit kunstvoll drapierten Kopftüchern; in den engen Gassen der alten Dörfer haben die Esel als Transportmittel noch lange nicht ausgedient.

Insel voller Lebenskraft

Anders als viele Inseln in der Ägäis lebt Korfu nicht allein vom Fremdenverkehr. Die Insel ist wasserreich und dadurch fruchtbar. Die vielen Millionen Olivenbäume erwecken zwar anfangs den Eindruck einer Monokultur. Später entdeckt man aber auch kleine Gemüsefelder, Obstgärten, Hartweizenfelder und Weinanbauflächen. Vor allem im Norden der Insel gedeiht darüber hinaus eine Zwergorange namens Koumquat, die die Briten im letzten Jahrhundert aus China importierten. Ihre Früchte sind heute die Grundlage von Inselspezialitäten wie Likör und Marmeladen, die in ganz Griechenland einzigartig sind.

Landwirtschaft und Tourismus ergänzen sich gut. Zwischen Mai und September locken die vielen guten Strände und Wassersportmöglichkeiten alljährlich über zwei Millionen Urlauber auf die Insel, schaffen Saisonarbeitsplätze in der Stadt und auf dem Land. Die Arbeit in den Olivenhainen beginnt dann im Oktober, wenn die letzten Urlauber abreisen. Der Boden unter den Bäumen muss gesäubert, die schwarzen Kunststoffnetze müssen ausgelegt werden. Wenn Äste über Straßen ragen, werden sogar Asphaltbänder von Netzen übespannt. Da hinein fallen zwischen November und Februar die zunächst grünen, dann schwarz werdenden Oliven. Man sammelt sie auf und bringt sie in eine der zahlreichen privaten oder genossenschaftlichen Olivenölpressen. Zwischen Februar und April sind dann gerade noch rechtzeitig die Mandarinen, Clementinen, Orangen und Koumquats reif, bevor die ersten Fremden wiederkommen. Hotels, Pensionen und Apartmenthäuser müssen zudem fast jedes Jahr einen neuen Außenanstrich erhalten, sodass die

Willkommen

Handwerker den Winter über genug Arbeit finden.

Die Stadt ist mit ihrem kulturellen Leben und ihrem erstaunlich großen Unterhaltungsangebot auch für die Jugend attraktiv. Es gibt seit 1984 sogar eine kleine Universität, an der man Musik, Geschichte, Fremdsprachen sowie Bibliothekswissenschaften studieren kann. Daher bleiben die meisten jungen Leute auf ihrer Insel, wandern nicht wie anderswo auf das Festland oder gar ins Ausland ab. So ist Korfus Einwohnerzahl in den letzten zehn Jahren sogar noch um fünf Prozent gestiegen. Dadurch hat man auf Korfu viel mehr als auf manch weitaus berühmterer Insel in der Ägäis die Möglichkeit, unverfälschtes griechisches Leben kennen zu lernen, das nicht am Saisonende wie eine große Seifenblase zerplatzt.

Ein anderer Rhythmus

Wer am griechischen Leben teilhaben will, muss früh aufstehen und abends fit sein. Die Korfioten meiden die Mittagshitze, gehen früh aufs Feld oder ins Büro. Nach einer langen Mittagspause zu Hause beginnt dann die Freizeit mit der Volta, einem gemächlichen Hin- und Herschlendern auf Plätzen und Hauptgassen. Danach setzt man sich auf einen Kaffee und vielleicht auch ein Spielchen ins Kaffeehaus oder Café. Das Abendessen wird nie vor dem Dunkelwerden eingenommen. Nach Mitternacht ist kaum noch jemand auf den Beinen, weil man am nächsten Tag ja wieder früh aus dem Bett muss. In den Touristenzentren ist der Rhythmus anders. Diese Orte werden erst am späten Vormittag geschäftig und bieten Unterhaltung bis weit in die Nacht hinein.

Korfu in Zahlen

Lage: Korfu liegt in etwa auf der gleichen Höhe wie Valencia, Mallorca und Lissabon. Der Hafen von Kérkira liegt auf 39°37' nördlicher Breite und 19°55' östlicher Länge.

Name: Korfu heißt auf griechisch Kérkira. Der besseren Unterscheidung wegen wird in diesem Reiseführer der Name Korfu für die Insel, der Name Kérkira für die Inselhauptstadt gebraucht.

Fläche & Einwohner: Auf einer Fläche von 592 km² leben 112 000 Menschen, also etwa 219/km². Die Küstenlänge beträgt 220 km.

Ionische Inseln: Korfu ist eine Insel in der Präfektur der Ionischen Inseln, Kérkira ist die Hauptstadt der Präfektur. Die Inselgruppe reicht von Othoní im Norden bis Zákinthos im Süden und umfasst ingesamt 12 ständig bewohnte Eilande.

Höchster Berg: Der höchste Berg ist mit 906 m der Pantokrátoras im Inselnorden.

Entfernungen: Korfu ist 63 km lang und 27 km breit. Von Kávos im Süden bis nach Sidári im Nordwesten fährt man etwa 100 km.

Touristenzentren: Die Haupturlaubsregionen der Insel sind die Ostküste zwischen Pirgí im Norden und Messóngi-Moraítika im Süden und die Nordküste zwischen Kassiópi und Sidári. Von jungen Engländern und zahllosen Diskotheken geprägt wird Kávos im Inselsüden, für einen ruhigen Urlaub am Sandstrand eignen sich die wenigen Orte an der Westküste am besten.

Zu den Festen tragen manche Frauen noch die alte Tracht

Geschichte

Griechische Antike

734 v. Chr. gründen Siedler aus der Stadt Korinth auf Korfu eine Kolonie auf dem Gebiet des heutigen Vororts Garítsa und auf der Halbinsel Análipsis. Überbevölkerung und Vergrößerung des Großgrundbesitzes auf Kosten der Kleinbauern haben die Menschen vom Peloponnes auf diese Insel getrieben, die zuvor von einem nicht-griechischen, im Mythos als Phäaken bezeichneten Volk bewohnt war. Im Laufe der nächsten Jahrzehnte streben die Kerkiraer nach größerer Selbstständigkeit, 664 v. Chr. befreit sich Korfu in der ersten bekannten Seeschlacht der griechischen Geschichte von der Herrschaft der Mutterstadt Korinth.

Zur Seeschlacht von Salamis im Jahr 480 v. Chr., in der die Griechen die Perser vernichtend schlagen, entsendet Korfu 50 Kriegsschiffe, die jedoch erst nach Schlachtende eintreffen. Im Peloponnesischen Krieg 431–404 v.Chr., für den Korfu den Anlass liefert, kämpft die Insel auf Seiten Athens gegen Sparta und seine Verbündeten.

Römische und byzantinische Zeit

Die Römer erobern Korfu als erste griechische Insel schon 229 v. Chr., während das übrige Griechenland erst 60 Jahre später zur römischen Provinz wird. Viele römische Kaiser und Feldherren machen auf ihrer Seereise zwischen Italien und Athen auf Korfu Zwischenstation. Als das Römische Reich 395 n. Chr. geteilt wird, fällt Korfu wie ganz Griechenland an Ostrom und bleibt für über 800 Jahre Teil des sich daraus entwickelnden Byzantinischen Reichs mit Konstantinopel als Hauptstadt.

Mittelalter und venezianische Herrschaft

Nachdem es 1054 zur offiziellen Abspaltung der römisch-katholischen Kirche vom orthodoxen Glauben gekommen ist, erobert 1204 ein katholisches Kreuzfahrerheer auf venezianische Anstiftung hin Konstantinopel. Das Byzantinische Reich wird entscheidend geschwächt. Korfu wechselt in den folgenden 140 Jahren mehrfach den Besitzer. 1386 bemächtigt sich dann Venedig der Insel und verteidigt sie in den folgenden

Geschichte

Jahrhunderten mehrfach erfolgreich gegen türkische Eroberungsversuche. Nach dem Glauben der Einheimischen hat sie der Inselheilige, der hl. Spyridon, dabei ganz wesentlich unterstützt.

Britische Herrschaft und Anschluss an Griechenland

Nachdem Napoleon der Republik Venedig 1797 den Todesstoß versetzt hat, besetzen seine Truppen auch Korfu. 1800 wird es russisches Protektorat, 1807 fällt es wieder an Frankreich. 1809 erobern die Briten die Insel, deren Schutz Korfu und die Ionischen Inseln durch den Wiener Kongress auch offiziell unterstellt werden. 1821 erheben sich die Griechen auf dem Peloponnes, dem Festland und vielen ägäischen Inseln gegen das seit dem 15. Jh. über ganz Griechenland mit Ausnahme der Ionischen Inseln herrschende Osmanische Reich. Sie erkämpfen bis 1828 für einen Teil von Hellas die Unabhängigkeit. Korfu bleibt zunächst noch in britischen Händen, bis es sich am 21. Mai 1864 dem jungen neugriechischen Staat anschließen darf.

20. Jahrhundert

Im Zweiten Weltkrieg wird Korfu 1940 zunächst von italienischen und im September 1943 von deutschen Soldaten besetzt. 1944 befreien die Alliierten Griechenland, kurz darauf kommt es zu einem Bürgerkrieg, der bis 1949 dauert und mehr Opfer fordert als der Zweite Weltkrieg. Das Korfu gegenüberliegende Festland ist eins der Hauptkampfgebiete. 1953 richtet ein schweres Erdbeben auf den südlichen Ionischen Inseln erhebliche Schäden an, trifft Korfu aber kaum. Ein Jahr später tritt Griechenland der NATO bei. 1967 ergreifen Obristen in Athen die Macht und errichten eine Militärdiktatur. Als sie 1974 endet, entwickelt sich in Griechenland eine moderne Demokratie nach westeuropäischem Vorbild. Die Monarchie wird abgeschafft. 1980 tritt Griechenland der Europäischen Gemeinschaft bei.

Zwei Parteien beherrschen bis heute das politische Geschehen: die 1974 von Andréas Papandréou gegründete, von Kóstas Simítis geführte sozialdemokratische PASOK und die von Konstantin Karamanlís 1974 aufgebaute, heute von seinem Neffen Kóstas Karamanlís geführte konservative Néa Dimokratía (ND). Auch die Kommunistische Partei KKE ist mit wenigen Sitzen im Parlament vertreten. Grüne spielen in Hellas keine Rolle.

Aktuelle Entwicklung

2002 löst der Euro die Drachme als Landeswährung ab. 2004 finden die Olympischen Sommerspiele erstmals seit 1896 wieder in Athen statt. 2007 zählt Griechenland etwa 15 Mio. ausländische Besucher.

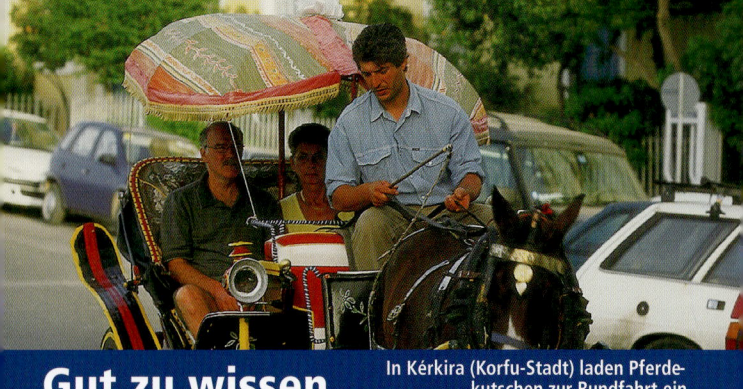

Gut zu wissen

In Kérkira (Korfu-Stadt) laden Pferdekutschen zur Rundfahrt ein

Beschwerden
Das Ehrgefühl der Griechen ist groß. Wer als Fremder eine Beschwerde vorbringen will, sollte daran im Guten wie im Schlechten denken. Scharfer Ton und heftige Lautstärke bewirken, dass der Angesprochene sich angegriffen fühlt und kühl reagiert. Besser ist es, das Problem sachlich zu schildern und zum Ausdruck zu bringen, dass man auf seine Freundlichkeit und Fähigkeit hofft, es zu lösen.

Deutsch
Gängige touristische Verkehrssprache ist zwar Englisch, doch viele Korfioten, v.a. in den Hotels und Restaurants, können ausreichend Deutsch.

Endáxi
Mit dem oft gehörten Wort Endáxi bestellen die Griechen nicht etwa ständig Taxis, sondern meinen schlicht ›okay‹.

Euro
Griechisch spricht sich der Euro (€) *ewró* aus, englisch *júro*. Der Cent heißt griechisch *leptá*.

Flaggen-Rätsel
Vor vielen Kirchen wehen zwei Fahnen im Wind. Die weiß-blaue ist die griechische Nationalflagge. Was aber bedeutet die zweite, die einen schwarzen Adler mit zwei Köpfen auf gelbem Grund zeigt? Es ist die Flagge des schon 1453 als Staat untergegangenen Byzanz. Die orthodoxe Kirche hat sie wieder zum Leben erweckt und will damit zeigen, dass ihr eigentliches Zentrum das heute türkische Istanbul ist.

Fotografieren
Die meisten Korfioten lassen sich gern fotografieren. Dennoch sollte man vorher ihr Einverständnis durch ein Nicken oder Lächeln einholen.

Freie Tische
Ein schwerer Faux-pas ist es, sich unaufgefordert an einen besetzten Tisch zu setzen, auch wenn daran noch Stühle frei sind. Man würde sonst ja in eine *paréa*, also in eine griechische Tischgemeinschaft eindringen, die zusammen bestellt und zusammen bezahlt.

Handeln und Feilschen
Bei Waren von geringem Wert wird in Griechenland nicht um den Preis gefeilscht. Man handelt nur bei teuren Produkten wie Schmuck und Lederjacken, beim Zimmerpreis und außerhalb der Hochsaison auch bei Autovermietern.

Kirchen- und Klosterbesuche
Kirchen und Klöster sollte man nur mit bedeckten Knien und Schultern betre-

Gut zu wissen

ten. In Kirchen verschränkt man die Arme nicht auf dem Rücken oder sitzt mit gekreuzten Beinen. Steht man dicht vor einer Ikone, wendet man ihr nicht den Rücken zu. Fotografieren und Filmen wird in Kirchen ungern gesehen. Kerzen darf hingegen jeder anzünden, dann gibt man eine Spende in den Opferstock.

Klima und Reisezeit

Für einen Badeurlaub sind die Monate Mai bis September am besten geeignet. Auch im Oktober und Anfang November ist das Meer noch über 20 °C warm, aber in beiden Monaten muss man schon mit je sechs Regentagen rechnen. Der regenreichste Monat ist mit zwölf Regentagen der Januar. Schnee fällt auf Korfu fast nie. Wer viel wandern oder radeln möchte, kommt am besten im Mai, wenn die Natur in Blüte steht. Keinen einzigen Regentag verzeichnet die Wetterstatistik im Juli und August, wenn allerdings mit 30 °C auch die höchsten Tagestemperaturen gemessen werden. Nachts sinkt das Thermometer zwischen Juni und September auf durchschnittlich 19–22 °C ab, Dezember bis März auf 9–11 °C.

Liegestühle

Hotelliegestühle schon am frühen Morgen durch Auflegen eines Handtuchs für sich zu reservieren ist eine viel bespöttelte deutsche Eigenart. Griechen haben dafür kein Verständnis; in vielen Hotels ist es auch ausdrücklich verboten.

Mittagsruhe

Zwischen etwa 14 und 17 Uhr hält man in Griechenland Mittagsruhe. In dieser Zeit sollte man nicht an Klostertoren läuten und auch keine Privatpersonen anrufen oder besuchen.

Mücken

Mücken können im Sommerhalbjahr auch auf Korfu zur Plage werden, obwohl sie kaum in dichten Schwärmen auftreten. Eine Schutzlotion gehört auf jeden Fall ins Gepäck, evtl. auch ein Gerät für die Steckdose zur Abwehr der Angreifer. Auch eine Salbe zur Behandlung des Juckreizes nach einem Mückenstich sollte nicht fehlen. Wer mit Babys oder Kleinkindern reist, sollte auch die Mitnahme eines Moskitonetzes erwägen. Solche Netze gibt es in griechischen Hotelzimmern überhaupt nicht, selbst Mückengitter vor Fenstern und Türen sind nahezu unbekannt.

Nackte Haut

›Topless‹ am Strand zu liegen ist inzwischen überall in Hellas üblich und wird auch von Griechinnen praktiziert. Sich

Preisniveau

Griechenland ist kein Billig-Reiseland mehr. Die Preise für Essen und Trinken liegen auf Korfu in etwa auf dem gleichen Niveau wie in deutschen Urlaubsorten an der Küste oder in den Alpen. Preisgünstiger als in Deutschland, Österreich und der Schweiz sind die öffentlichen Verkehrsmittel sowie Benzin und Diesel. Selbstversorger kaufen auch auf Korfu besser in großen Supermärkten ein als in den traditionellen kleinen Geschäften. Billig-Unterkünfte gibt es nicht mehr; aber viele einfache Hotels und Pensionen sind außerhalb der Hauptsaison im Juli und August doch noch erheblich günstiger als vergleichbare Unterkünfte in den großen Ferienregionen der deutschsprachigen Länder.

Gut zu wissen

Spartipps

Schüler und Studenten aus EU-Ländern haben freien Eintritt zum Achílleion, zu staatlichen Museen und archäologischen Stätten, wenn sie einen Schüler- bzw. einen internationalen Studentenausweis (ISIC) vorweisen. Journalisten ersparen sich den Eintritt, wenn sie einen gültigen Presseausweis vorlegen können. Senioren aus EU-Ländern über 65 Jahre erhalten gegen Vorlage ihres Personalausweises eine Ermäßigung von etwa 30 %. An bestimmten Tagen im Jahr ist der Eintritt zu staatlichen Museen und zu Ausgrabungen für alle frei: am 1. Sonntag im April, Mai, Juni und Oktober sowie an jedem Sonntag zwischen November und März, an gesetzlichen Feiertagen und an sechs weiteren, wechselnden Tagen im Jahr.

ganz zu entblößen ist jedoch nur an wenigen Stränden wie Mirtiótissa üblich. In Badehose oder Bikini durch ein Dorf oder die Stadt zu bummeln gilt als Zeichen von großer Geschmacklosigkeit.

Ohropax
Für die Griechen gehört laute Musik im Sommer zur Nacht. Keinerlei Vorschriften regeln den zulässigen Lärmpegel vor Mitternacht. Wer garantiert ruhig schlafen will, darf darum den Lärmschutzstöpsel nicht vergessen.

Orthodoxie
In der orthodoxen Kirche wurden im Gegensatz zur römisch-katholischen schon seit dem 8. Jh. keine neuen Dogmen mehr verkündet. Die wichtigsten Unterschiede: Orthodoxe Christen erkennen die Oberhoheit des Papstes nicht an. Ihre Priester dürfen vor der Priesterweihe heiraten, können dann aber in der Hierarchie nicht mehr aufsteigen und z. B. Bischof werden. Die Taufe wird in der orthodoxen Kirche durch völliges Untertauchen vollzogen. Die Erstkommunion findet zusammen mit der Taufe statt. Im gleichen Taufwasser getaufte dürfen einander ebenso wenig kirchlich heiraten wie Paare, bei denen beide den gleichen Taufpaten hatten. Feuerbestattungen sind verboten. Anders als bei den römischen Katholiken gilt das alte Dogma, dass der Heilige Geist nur von Gottvater, nicht aber von Gottsohn ausgeht.

Rauchverbote
Auf innergriechischen Flügen und in Linienbussen ist das Rauchen seit Langem verboten. Seit 2002 gilt auch für Schulen, Krankenhäuser und Arztpraxen ein generelles Rauchverbot. In Restaurants, Bars, Regierungsbehörden und auf Flughäfen gilt ebenfalls ein Rauchverbot, dort muss es aber spezielle Raucherbereiche geben. Nur in traditionellen Kaffeehäusern darf noch jeder qualmen, wie er will.

Saison
Mitte Oktober machen auf Korfu die meisten Hotels und viele Restaurants dicht. Nur in der Stadt Korfu und in den großen Binnendörfern bleiben die meisten Tavernen und Geschäfte geöffnet. Hotelzimmer findet man im Winter fast nur in der Inselmetropole.

Sicherheit
Griechenland hat die niedrigste Kriminalitätsrate in der EU. In der Stadt, in Bussen, am Flughafen und in Menschenansammlungen sollte man sich dennoch vor Taschendieben vorsehen.

Gut zu wissen

Souvenirs
Souvenirs werden überall angeboten, wo zumindest gelegentlich Urlauber vorbeikommen. Typische Mitbringsel aus Korfu sind aus Olivenholz geschnitzte Produkte wie Schalen, Becher, Teller, Löffel, Kleinmöbel usw., Liköre und Marmeladen aus Koumquat sowie die kandierten Früchte selbst, Olivenöl, Oliven, Olivenkernseife und Honig. Insbesondere in der Stadt Korfu gibt es eine Vielzahl von Juweliergeschäften, die allerdings nur in Ausnahmefällen von ihnen selbst gearbeiteten Schmuck feilbieten. Hier findet man auch eine Vielzahl von Schuh- und Textilgeschäften, die vor allem Modelle aus Griechenland und Italien anbieten.

Tageslicht
Im Sommer sind auf Korfu die Tage kürzer als bei uns, im Winter etwas länger. So geht die Sonne Mitte Juni etwa um 5.15 Uhr auf und um 20 Uhr unter.

Toiletten
Außerhalb der Hotels, Privatzimmer und guten Restaurants lässt der Zustand griechischer Toiletten manchmal arg zu wünschen übrig. Brillen fehlen oft völlig oder stehen defekt in der Ecke. Außer in erstklassigen Hotels ist es üblich, das Toilettenpapier nicht in die Toilette, sondern in Papierkörbe oder Eimer zu werfen.

Trinkgelder
In Restaurants lässt man sich das Wechselgeld zunächst herausgeben und das Trinkgeld danach einfach auf dem Tisch liegen. Kleine Beträge wirken allerdings eher beleidigend. Besser viel oder gar nichts, lautet die Faustregel. Zimmermädchen gibt man etwa 0,5 € pro Person und Tag, am besten im Voraus: dann hat man auch etwas davon. Taxifahrer erwarten ein Aufrunden des Rechnungsbetrages.

Waldbrände
Jährlich gehen Tausende Hektar Wald und Olivenhaine in Griechenland in Flammen auf. Häufig ist Brandstiftung die Ursache. Als Urlauber kann man seinen Teil zum Brandschutz beitragen, indem man keine glühenden Zigaretten achtlos beiseite oder aus dem fahrenden Auto wirft und abseits der Strände keine Lagerfeuer entzündet.

Zeichensprache
Die Zeichensprache spielt auch im Umgang zwischen Griechen eine große Rolle. Ein sanftes, schräg zur Seite hin geneigtes Kopfnicken mit angedeutetem Schmatzmund bedeutet »Ja, ich glaube schon«. Legt jemand sanft den Kopf in den Nacken und zieht dabei mit halb geschlossenen Augen die Stirn nach oben, ist das ein wortloses »Nein«. Beim Zählen mit den Fingern beginnt man nicht mit dem Daumen, sondern mit dem Zeigefinger, der Daumen wird erst für die Fünf gebraucht. Und sagt ein Grieche *nä,* dann heißt das ›Ja‹.

Zeit
Griechenland gehört zur Osteuropäischen Zeitzone. Man stellt die Uhr ganzjährig eine Stunde vor, auch in der Sommerzeit.

Zeitungen
Deutschsprachige Zeitungen und Illustrierte sind in der Stadt Korfu meist schon am Erscheinungstag erhältlich, die ›Bild‹ wird sogar in Athen gedruckt. An einigen Kiosken und in Presseläden erhält man auch die wöchentlich erscheinende, deutschsprachige ›Griechenland-Zeitung‹ sowie das englischsprachige Monatsmagazin ›The Corfiot‹.

Osterumzug mit Blaskapelle

Feste & Unterhaltung

Feiertage

1. Januar: Neujahr *(protochrónia)*
6. Januar: Taufe Christi *(epiphanía)*
Rosenmontag *(káthari déftera)*
25. März: Nationalfeiertag
25. März: Verkündigung *(evangelismós)*
Karfreitag *(megáli paraskévi)*
Ostersonntag *(páska)*
1. Mai: Tag der Arbeit *(protomáia)*
21. Mai: Anschluss der Ionischen Inseln
15. August: Kímissis tís Theotókou
28. Oktober: Nationalfeiertag
24. Dez.: Heiligabend *(paramóni christoujénnon),* ab Mittag
25. Dez.: Weihnachten *(christoujénna)*
Silvester *(vrádi tis protochrónias)*

Kirchliche Feste

Die beweglichen Feiertage fallen in Griechenland nur selten auf den gleichen Tag wie bei uns, weil sie nach dem in der orthodoxen Kirche gültigen Julianischen Kalender berechnet werden. Sie können bis zu fünf Wochen später als bei uns begangen werden.

Epiphanías, 6. Januar

Den Tag der Heiligen Drei Könige begeht die Orthodoxie als Fest der Taufe Jesu. In den Küstenorten zieht nach der Messe eine Prozession ans Meer. Der Priester segnet das Wasser und wirft ein Kreuz hinein. Junge Männer (und neuerdings auch Frauen) tauchen danach. Wer es heraufholt, wird im kommenden Jahr viel Glück haben. In feierlicher Prozession wird das Kreuz in die Kirche zurückgetragen, anschließend feiert man am Hafen oder auf dem Dorfplatz mit etwas Musik und Tanz – wenn es das Wetter erlaubt.

Karneval

Karnevalsonntag, 9. März 2008, 1. März 2009, 14. Februar 2010: Nachmittags großer Karnevalumzug in Kérkira. Er beginnt in der Neustadt und endet an der Esplanade. Umzüge finden auch am Mittwochabend vor dem Karnevalsonntag statt.
Rosenmontag, 10. März 2008, 2. März 2009, 15. Februar 2010: Man fährt zum Picknick aufs Land oder an einen Strand und lässt Drachen steigen.

Ostern

Karfreitag, 25. April 2008, 17. April 2009, 2. April 2010: Vormittags wird der *Epitáphios,* das symbolische Grab Christi, von Mädchen und Frauen mit Blumen geschmückt. Am Abend wird der Epitáphios in einer von Klerus, Polizisten, Soldaten, Pfadfindern und allen örtlichen Honoratioren begeleiteten Prozession durch den Pfarrbezirk getragen.

Feste & Unterhaltung

Ostersamstag, 26. April 2008, 18. April 2009, 3. April 2010: Um 9 Uhr morgens beginnt die Prozession an der Spíridon-Kirche. Ab etwa 11 Uhr fallen dann die Wasserkrüge (s. Kasten). Gegen 23 Uhr gehen die Korfioten zur Kirche. Kurz vor Mitternacht verlöschen alle Lichter bis auf das ›Ewige Licht‹ einer Öllampe, dann verkündet der Priester die Auferstehung mit den Worten »Christós anésti« und entzündet eine Kerze am Ewigen Licht. Die Gemeinde antwortet mit »Alithós anésti« (Wahrhaftig, er ist auferstanden); alle entzünden nacheinander ihre Kerzen. Kinder und Jugendliche lassen Knaller explodieren wie zu Silvester. Der Gottesdienst geht noch weiter, doch die Gemeinde geht größtenteils schon vorher nach Hause, um die Ostersuppe und das Osterbrot zu essen.

Ostersonntag, 27. April 2008, 19. April 2009, 4. April 2010: Im Laufe des Vormittags werden Lämmer und Zicklein am Spieß gegrillt, man feiert mit Freunden und der oft von weither zusammengekommenen Familie im privaten Rahmen. Ein Eiersuchen ist nicht üblich. Es gibt jedoch Ostereier, die aber stets rot sind, als Zeichen für das Blut Christi. Die Kinder schlagen die Eier aneinander, wessen Ei dabei ganz bleibt, hat gewonnen.

Ostermontag, 28. April 2008, 20. April 2009, 5. April 2010: Morgens zwischen etwa 7 und 11 Uhr finden in allen Dörfern und Pfarrbezirken der Stadt wieder Prozessionen statt. Besonders schön sind sie in Lefkími, wo sich verschiedene Prozessionen am Fluss treffen und sich mit einer Art traditioneller Knallfrösche (Petarden) bewerfen.

Mariä ›Entschlafung‹, 15. August

Den Tag, an dem Maria starb und Jesus die Seele seiner Mutter gen Himmel trug, feiert ganz Griechenland. In der Regel findet das Fest mit Musik und Tanz auf den Dorfplätzen schon am Vorabend statt. Eins der Standardgerichte an diesem Abend sind Souvlákia, kleine, auf Holzkohle gegrillte Fleischspieße, die an vielen Ständen angeboten werden.

Kirchweihfeste (Panigíria)

Sie werden jeweils am Patronatstag des Heiligen begangen, dem die Hauptkirche im Dorf oder Stadtteil geweiht ist. Manchmal besteht solch ein Fest nur aus einem Gottesdienst, an den sich oft eine Prozession anschließt. Häufig werden am Vorabend und am Festtagsabend selbst Musik- und Tanzveranstaltungen auf dem Dorfplatz organisiert.

16./17. Juli: Jahrmarktartiges Kirchweihfest in Benítses

19./20. Juli: Profítis Ilías in Kavvadádes bei Aríllas

28./29. Juli: Ágios Ioánnis in Afiónas, in Pélekas und in Gastoúri

22./23. Aug.: Marienfest in Agíi Deka

Wenn die Krüge fallen

Sie lieben ausgefallene Volksbräuche? Dann sollten Sie am Ostersamstag ab 11 Uhr unbedingt auf dem Rathausplatz von Kérkira und in den umliegenden Altstadtgassen sein. Die Korfioten werfen dann mit Wasser gefüllte Tonkrüge aus den Fenstern und von den Balkonen, die mit lautem Knall wie ein Silvesterfeuerwerk aufprallen. Damit wird das frühlingshafte Erwachen der Natur begrüßt. Um das zu feiern, ziehen anschließend die Musikvereine der Stadt durch die Gassen und spielen fröhliche Lieder.

Feste & Unterhaltung

Termine weiterer wichtiger Panigíria sind bei den jeweiligen Ortsbeschreibungen genannt.

Spíridon-Prozessionen
Sonntag vor Ostern, Ostersamstag, 11. August und 1. Sonntag im November: An diesen Tagen wird die Reliquie des ›National-Heiligen‹ von Korfu in feierlicher Prozession und begleitet vom Bischof und vielen Priestern aus seiner Kirche durch die Straßen der Stadt und zurück getragen. Man bedankt sich damit für geleistete Wundertaten.

Nationalfeiertage

An allen drei Tagen finden Paraden statt. Sehenswerter als Soldaten, Politiker und kirchliche Würdenträger sind dabei die jüngeren Schüler, die an diesem Tag Nationaltracht tragen.

25. März: Gedenken an den offiziellen Beginn des griechischen Befreiungskampfes gegen die Türken 1821.

21. Mai: Jahrestag des Anschlusses der Ionischen Inseln an das freie Griechenland 1864.

28. Oktober: Am ›Ochi-Tag‹ gedenkt man des ›Großen Historischen Neins‹, das 1940 die Antwort des griechischen Diktators Metaxás auf ein Ultimatum Mussolinis war und zum Kriegseintritt Griechenlands führte.

Unterhaltung

Discos
Griechen gehen kaum vor Mitternacht in die Disco. Vor 23 Uhr sind die großen Discos selten geöffnet; über die gähnende Leere zu Beginn trösten oft ermäßigte Getränkepreise (›Happy Hour‹) hinweg.

Ellinádika
Seit den späten 1990er Jahren ist ein neuer Lokaltyp in Mode gekommen, der entweder einem Music Club oder einer Disco entsprechen kann. Das Besondere: Hier wird fast nur moderne griechische Musik gespielt – also kein Míkis Theodorákis, kein Sirtáki, sondern Rock, Rap und Techno von griechischen Interpreten und Gruppen.

Folklore
In größeren Hotels treten meist einmal pro Woche Folklore-Gruppen auf; am Ende kann man oft mittanzen. Viel interessanter ist es aber, unverkleidete Griechen auf ihren Kirchweihfesten tanzen zu sehen. Dort ist das Mittanzen jedoch nicht immer gern gesehen, sodass man es lieber beim Zuschauen belassen sollte.

Konzerte
Im Sommerhalbjahr werden viele Konzerte gegeben. Klassische und griechische Musik überwiegen. Gelegentlich treten in Kérkira auch griechische Popstars und weltbekannte Interpreten wie María Farandoúri oder Geórgios Daláras auf. Termine und Veranstaltungsorte werden meist kurzfristig und meist nur auf Griechisch plakatiert.

Music Clubs
Anders als Discos sind Music Clubs sehr zahlreich. Meist sind es Bars, wo ein DJ auflegt, aber nur gelegentlich getanzt wird. Music Clubs sind meist schon ab 20 Uhr geöffnet.

Theater
Theateraufführungen finden das ganze Jahr über statt: Von Juni bis September in der Alten oder in der Neuen Festung, im Winterhalbjahr im Städtischen Theater in Kérkira.

Unterwegs mit Kindern

Tipps zur Reiseplanung

In Griechenland ist **Sonnenmilch** teuer, deshalb nimmt man besser ausreichende Mengen mit in den Urlaub. Da kleinere Kinder schwer dazu zu bewegen sind, im Schatten zu bleiben, ist ein hoher Lichtschutzfaktor ratsam. Auch **Badeschuhe** sind dringend zu empfehlen, denn der Sand wird im Sommer glutheiß. Für **Stechmücken** sind griechische Inseln berüchtigt: Insektenschutzmittel und am besten sogar ein mitgebrachtes Moskitonetz für Kleinkinder erweisen sich da als nützlich. **Windeln und Babynahrung** sind in den großen Supermärkten, etwas teurer auch in Apotheken erhältlich. Frische Milch ist überall auf Korfu zu bekommen.

Griechische Ärzte verschreiben bereits bei kleinen Wehwehchen schnell Antibiotika. Wenn Sie die nicht sonderlich schätzen, nehmen Sie besser ihre homöopathischen **Hausmittel** von zu Hause mit.

Essen gehen

In Hotelrestaurants stehen **Hochstühle** für Kleinkinder bereit, in Tavernen sind sie eher die Ausnahme. Spezielle Kinderkarten sind selten, doch überall kann man mit dem Kellner reden und für die Kleinen eine **halbe Portion** zum halben Preis bestellen. Außerdem hat kein Wirt etwas dagegen, wenn der Nachwuchs vom Teller der Eltern mitisst. Oft bringt der Kellner sogar noch von selbst einen leeren Extra-Teller. Das richtige Essen für die Kinder zu finden fällt nicht schwer. Spaghetti, Pommes frites und Frikadellen sind allgegenwärtig. Auf den Pudding als Nachtisch muss allerdings verzichtet werden, aber dafür gibt es ja überall Eis.

Kindersitze

Wer mit Kindern einen Ausflug per Auto oder Fahrrad unternehmen will, sollte sich für die Auswahl des Vermieters etwas mehr Zeit als andere nehmen. Die meisten halten zwar Kindersitze bereit, doch deren Zustand und Sicherheitsgrad ist von Vermieter zu Vermieter höchst unterschiedlich.

Mit einem **Kinderfahrrad** sollten die Kleinen vor der Anmietung besser erst ein paar Proberunden drehen, sonst wird die vergnügliche Tour vielleicht zur Tortur für Eltern und Kind werden.

Unternehmungen

Korfu bietet für kleine und größere Abenteurer einige Auswahl. Eine Fahrt mit dem Mini-Zug durch die Stadt Korfu zum Beispiel oder Runden mit dem Elektroauto über die Esplanade der Stadt. Einen Ausritt in den Bergen, einen Tag im Spaßbad bei Ágios Ioánnis mit seinen Riesenwasserrutschen. Tretbootfahrten an den Stränden oder Windsurfkurse für Jugendliche. Und dann gibt es ja noch den Strand, an dem das Burgenbauen gar nichts kostet.

Schlafenszeiten

Die meisten Griechen sind ausgesprochen kinderfreundlich und lassen Kinder ganz einfach am Leben der Erwachsenen teilhaben. Sie dürfen bis Mitternacht wach bleiben und auf öffentlichen Plätzen herumtollen oder Fußball spielen. Dafür schlafen oder ruhen sie dann mittags, wenn die Sonne am heißesten und die UV-Strahlung am gefährlichsten ist. Diesen Rhythmus sollte man in der Urlaubszeit durchaus übernehmen.

Hotel mit Aussicht: das Golden Fox in Lakónes

Übernachten

Unterkünfte

Auf Korfu werden ca. 75 000 Fremdenbetten vermietet. Großhotels stehen vor allem an der Ostküste zwischen Messongí-Moraítika und Dassiá sowie bei Acharávi und in einigen Buchten an der Ostküste. Sie bieten viel Komfort und streben mit ihren umfangreichen Serviceangeboten eine Art Rundumversorgung an, die die Gäste im Hotel hält.

Kleinere, familiär geführte Anlagen und Häuser bieten oft eine herzlichere Atmosphäre; Ferienhäuser größtmögliche Individualität. In allen Küstenorten werden Privatzimmer, Studios und Apartments angeboten, auch in manchen Orten abseits des Meeres kann man Unterkunft finden. Ferienhäuser bucht man besser schon von Deutschland aus über einen der vielen kleinen Spezialveranstalter (s. S. 23).

Stilvolle Hotels in historischen Häusern findet man leider nur wenige; die drei besten, das ›Cavalieri‹, das ›Konstantinoúpoli‹ und das ›Bella Venezia‹, stehen in der Inselhauptstadt. Landhotels in historischen Häusern stehen in Perouládes und Ágios Ioánnis.

Preise

Das Preisniveau ist für Ferienwohnungen und einfache Zimmer etwas günstiger als in Deutschland. Hotels der gehobenen Klasse und der Luxus-Kategorie bucht man meist günstiger pauschal als individuell.

In jeder Art von Quartier vom Luxushotel bis zum Privatzimmer muss der Zimmerpreis im Zimmer und – wenn vorhanden – an der Rezeption aushängen. Außerhalb der Saison bieten viele Vermieter weit unter Tarif liegende Preise an – insbesondere, wenn man länger als drei Nächte bleibt.

Reservierungen sind nur notwendig, wenn man im Juli oder August reist oder in einem ganz bestimmten Quartier unterkommen will. In diesem Fall empfiehlt es sich, zumindest am Morgen des Ankunftstages anzurufen.

All inclusive

Einige größere Strandhotels haben sich auf Wunsch der Reiseveranstalter und zum Leidwesen der ortsansässigen Barbesitzer und Tavernenwirte auf ›all inclusive‹ umgestellt. Jetzt bleiben die Gäste in der Anlage, die Tavernen müssen schließen – womit auch viel Flair auf der Strecke bleibt. Die meisten Korfioten stehen dieser Urlaubsform daher ablehnend gegenüber.

Hotels

Alle griechischen Hotels werden vom Staat klassifiziert. Die Kategorien reichen von Luxus über A bis E hinunter:

Übernachten

Sie sagen zwar etwas über Zimmergröße, Einrichtung und Zusatzangebote der Hotels aus, aber nichts über Zustand und Service sowie nur ansatzweise etwas über den Preis. Frühstück ist nur in Hotels der höheren Kategorien im Preis inbegriffen, Halbpension bieten meist nur größere Strandhotels.

Ferienclubs

Auf Korfu unterhalten der Club Mediterranée (bei Dassiá), Calimera (in Ermónes) und Magic Life (bei Nissáki) Clubanlagen. Sie sind über Reisebüros zu buchen.

Pensionen, Studios und Apartments

Etwa die Hälfte des korfiotischen Fremdenbettenangebots entfällt auf Pensionen sowie private Zimmer und Apartments. Unterschieden wird zwischen *domátia* (Zimmern), *gazoniéres* (Zimmern mit Spüle, Kühlschrank und einfacher Kochgelegenheit) sowie *diamerísmata* (Apartments mit Vollküche). Die Preise sind in der Regel weitaus günstiger als für vergleichbare Hotelzimmer – und die Vermieter meist herzlicher. Feste Wechseltage gibt es – anders als in Skandinavien oder Deutschland – für Studios und Apartments nicht. Bettwäsche, Handtücher und Toilettenpapier werden grundsätzlich gestellt, nur Seife muss man meist selbst kaufen. Die Küchenausstattung in Studios und Apartments ist mit der in skandinavischen oder deutschen Ferienwohnungen nicht zu vergleichen. Sie fällt meist äußerst dürftig aus, Töpfe und Besteck sind fast immer äußerst billig eingekauft.

Ferienhäuser

Frei stehende Ferienhäuser gibt es in Korfu weitaus mehr als auf vielen anderen griechischen Inseln. Einige wenige findet man in den Katalogen der gängigen Großveranstalter, sehr viel besser ist aber das Angebot deutscher Spezialveranstalter oder darauf spezialisierter Reisebüros auf Korfu. Man sollte sie auf jeden Fall im Voraus buchen. Feste Wechseltage gibt es nicht; Bettwäsche und Handtücher werden vom Vermieter gestellt. Ferienhausanbieter für ganz Korfu ist u. a.:
Jassu-Reisen, Königswinterer Str. 628, 53227 Bonn, Tel. 02 28/92 62 60, Fax 926 26 23 www.jassu.de
Weitere Regionalanbieter sind unter den entsprechenden Orten aufgelistet. Ein breites Angebot von Ferienhäusern und –wohnungen verschiedener Anbieter findet man unter www.atraveo.de.

Camping & Jugendherbergen

Auf Korfu gibt es elf Campingplätze; die in Dassiá, Káto Korakiána und Róda bieten sogar einen Pool. Freies Campen ist ebenso verboten, wie im Schlafsack am Strand zu schlafen. Jugendherbergen gibt es auf Korfu nicht.

Urlaubsorte im Überblick

Zwischen Kérkira und Dassiá stehen die meisten Großhotels. Die Strände sind kieselig und schmal, die Hotels bieten große Liegewiesen. Zwischen Kérkira und Benítses sind die Strände überhaupt nicht der Rede wert. Messóngi und Moraítika sind abwechslungsreiche Orte mit schmalem, aber langem Sand-Kiesstrand. Kilometerlange Sand-Kiesstrände bieten Acharávi und Róda, versteckte, oft nur mit dem Boot erreichbare Badebuchten gibt es bei Paleokastrítsa. Herrliche Sandstrände findet man in Ágios Geórgios Pagón und Ágios Geórgios Sinerádon sowie in Ágios Górdis. Die Atmosphäre in Kassiópi, Sidári, Kávos, Ípsos und Benítses wird besonders stark von britischen Urlaubern geprägt.

Korfus spezieller Likör aus den Koumquat-Bitterorangen

Essen & Trinken

Typisch griechisch

Aufläufe und gefüllte Gemüse werden traditionell hoch geschätzt. Fleisch und Fisch gart man bevorzugt auf dem Holzkohlengrill; es gibt aber auch köstliche Schmorgerichte. Innereien werden vor allem in den kühlen Monaten gern gegessen.

Frischer Fisch wird überall angeboten, ist jedoch ausgesprochen teuer. Der Preis wird oft nach Gewicht berechnet. Ist er ungewöhnlich niedrig, handelt es sich meist um Fisch aus Zuchtfarmen. Auf jeden Fall sollte man beim Abwiegen dabei sein, um unangenehmen Überraschungen vorzubeugen.

Wer all das nicht mag, findet natürlich überall Pizza, Pommes und Spaghetti, Hamburger und Gyros. Auch Schnitzel tauchen immer häufiger auf den Speisekarten auf. Sie gelten für die Griechen als exotische Spezialität.

Ein besonderes Merkmal der korfiotischen Küche ist eine für Griechenland ungewöhnliche Saucenvielfalt, die sowohl Fleisch- als auch Fischgerichten zugute kommt.

Das Frühstück

Das traditionelle griechische Frühstück ist an sich recht kärglich, doch bieten die großen Hotels mehr oder minder üppige Frühstücksbüfetts. In den Badeorten kann man außerdem den ganzen Tag über in Cafés und Tavernen ein englisches Frühstück oder Joghurt mit Honig und Walnüssen bestellen. Gute und bei Einheimischen sehr beliebte Snacks am Vormittag sind allerlei unterschiedlich gefüllte Blätterteigtaschen wie die *tirópita* oder *bugátsa*. Man bekommt sie nicht nur in Cafés, sondern auch auf die Hand direkt vom Bäcker.

Essen gehen

Die meisten Speiselokale auf Korfu sind von etwa 11 Uhr bis Mitternacht durchgehend geöffnet. Griechen gehen spät essen: mittags oft erst gegen 14 Uhr, abends ab 21 Uhr. Einen Tisch im Voraus zu bestellen ist nur üblich, wenn man mit einer großen Gruppe kommt.

Eine Tischkultur nach nordeuropäischer Art gibt es in Griechenland nicht. Normalerweise liegt auf den zumeist einfachen Tischen eine karierte Tischdecke, über die eine durchsichtige Plastikfolie gespannt ist. Darauf legt der Kellner nach Ankunft der Gäste noch einmal eine jeweils frische Papiertischdecke.

Das oft federleichte Besteck wird vom Kellner zusammen mit dem bei jedem Essen obligatorischen Weißbrot in einem Korb auf den Tisch gestellt, die Gäste nehmen es sich selbst. Für alle Gänge wird das gleiche Besteck benutzt.

Essen & Trinken

Die **Speisekarten** sind fast überall zumindest zweisprachig in Griechisch und Englisch. Oft findet man auch Übersetzungen ins Deutsche (mit teilweise hohem Unterhaltungswert). Einige Tavernen und Restaurants präsentieren ihr Angebot in Warmhaltetresen. Häufig sind die Speisekarten auch mit Fotos illustriert, die allerdings mit den später tatsächlich servierten Gerichten kaum Ähnlichkeit haben.

Getrennte **Rechnungen** für gemeinsam an einem Tisch sitzende Gäste sind in Griechenland ungewöhnlich. Wer sie wünscht, gibt das besser schon bei der Bestellung an.

Lokal-Typen

Es gibt viele verschiedene Bezeichnungen, wobei letztlich zwischen einem **Estiatório** (besseres Restaurant) und einer **Tavérna** (einfaches traditionelles Lokal) heute kaum noch ein Unterschied besteht. Originelle Vorspeisen und Tellergerichte in großer Auswahl findet man im **Mezedopolío** und in der **Ouzerí**. Griechen bestellen hier bevorzugt den Anisschnaps Oúzo, der manchmal mit Wasser vermischt und dann leicht milchig wird.

Eine **Psistaría** ist eine bessere Imbissbude, wo man Gyros, Fleischspießchen und Pommes frites zu günstigen Preisen bekommt. Das **Zacharoplastío** ist ein Café im europäischen Sinn, wo man Süßwaren wie Kuchen, Torten und Eis erhält.

Dagegen ist das **Kafenío**, das Kaffeehaus, traditionell der Treffpunkt der Männer. Gegen ausländische Besucherinnen hat man jedoch nichts einzuwenden. Im Kafenío gibt es Kaffee, Bier, Ouzo, Brandy, Softdrinks, Kakao und Tee, aber abgesehen von kleinen Häppchen (*mezé*) zum alkoholischen Getränk nichts zu essen.

Getränke

Cola, Limonaden und Bier aus Flaschen oder vom Fass sind überall erhältlich. Der korfiotische **Wein** ist von minderer Qualität, jedoch ist die Auswahl an Flaschenweinen aus ganz Griechenland groß. Überall kann man Retsína kosten, einen mit dem Harz der Aleppo-Kiefer versetzten Weißwein. Will man Sprudelwasser, muss man *sóda* bestellen, *neró* ist Wasser ohne Kohlensäure.

Filterkaffee (*kafé fíltro*) gibt es nur selten. Statt dessen trinkt man löslichen Kaffee, der grundsätzlich *ness* genannt wird. Man bekommt ihn heiß (*sestó*) oder kalt und schaumig geschlagen (*frappé*), wahlweise mit oder ohne Milch (*mä gála* oder *chorís gála*).

Der **griechische Kaffee** (*kafé ellinikós*) wird in einem Stilkännchen aufgebrüht und mit dem Satz serviert. Bei der Bestellung muss man (wie auch beim *frappé*) den gewünschten Süßegrad angeben: *skétto*: ohne Zucker; *métrio*: mit etwas Zucker; *glikó*: süß.

Richtig kalkulieren

In allen griechischen Speiselokalen von der einfachsten Taverne bis zum Luxus-Restaurant wird pro Gast ein Fix-Betrag der Verzehrrechnung zugeschlagen, der sich Couvert nennt. Man muss ihn zahlen, ganz gleich, ob man nur einen Salat oder ein üppiges Menü gegessen hat. Wie viel fürs Couvert in Rechnung gestellt wird, muss auf der Speisekarte stehen: meist ganz vornean, manchmal auch am unteren Seitenrand. Die Preisunterschiede sind gewaltig. Manchmal werden fürs Couvert nur 30 Cents verlangt, manchmal aber auch 4 Euro.

Kulinarisches Lexikon

Frühstück
avgá mátja Spiegeleier
avgá me béikon *(avga mä bekon)* Eier mit Speck
boútiro *(vutiro)* Butter
chimó portokaláda Orangensaft
froúta *(frutta)* Obst
giaoúrti *(ja'urti)* Joghurt
kafé me gála *(kaffä mä gala)* Kaffee mit Milch
louchaniko Wurst
marmelada *(marmälada)* Konfitüre
méli Honig
psomáki Brötchen
psomí Brot
sambón Schinken
tirí Käse
tsái Tee

Vorspeisen
achinós saláda Seeigelsalat
chtipití pürierter Schafs- und Ziegenkäse mit viel Knoblauch und manchmal auch etwas Chili
dolmadakia mit Reis und Kräutern gefüllte Weinblätter
eliés *(äljäs)* Oliven
féta *(fätta)* Schafskäse
gígantes *(jigandäs)* in Tomatensauce eingelegte große Bohnen
kolokithokeftédes Zucchinipuffer, meist kalt serviert
melintzano saláda *(mälidsano salada)* Auberginenpüree
oktapódi saláda Oktopus (Krake) gekocht und in Öl eingelegt
saganáki gebackener Schafskäse
skordaliá *(skordalja)* mit viel Knoblauch gewürztes Kartoffelpüree
táramo saláda oder **táramas** Püree mit Fischrogen
toursí sauer eingelegtes Gemüse
tzatzíki *(dsadsiki)* Joghurt mit geraspelter Gurke und Knoblauch

Salate
angoúri saláda Gurkensalat
choriátiki saláda der klassische ›Griechische Salat‹, meist mit Tomaten, Gurke, Paprika, Oliven und Féta; man isst ihn ohne Essig und mit viel Olivenöl
domáto saláda Tomatensalat
  me kremídia mit Zwiebeln
  chorís kremídia ohne Zwiebeln
láchano saláda Krautsalat

Suppen
domatósoupa Tomatensuppe
fasoláda *(fassolada)* Bohnensuppe
kakaviá, auch **psarósoupa** Fischsuppe, wobei der Fisch nach Wahl auf einem Extra-Teller serviert wird
kreatósoupa trübe Fleischbrühe
patsá deftige Kuttelsuppe

Fleisch
arní oder **arnáki** Lamm
biftéki Frikadelle
bon filé echtes Filet
brizóla Kotelett
chirinó Schweinefleisch
gída Ziege
gourounópoulo Spanferkel
katsíki Zicklein
kefaláki gegrillter Lammkopf
keftédes Hackfleischbällchen
kimá Hackfleisch (als *kíma* betont wäre es ›die Brandung‹)
kirinó Schweinefleisch
kokorétsi Grillwürstchen aus Innereien, stark gewürzt
kotópoulo Huhn
kounéli *(kunälli)* Kaninchen
moskári Rindfleisch
paidákia *(pädakja)* Lammkoteletts, meist gegrillt
sikóti Leber
souvláki Fleischspieß

Typische Gerichte

bekri mezé eine Art Gulasch mit Kartoffeln, scharf gewürzt
briám eine Art Ratatouille aus Zucchini, Auberginen und Kartoffeln
gemistés *(jemistés)* mit Reis gefüllte Tomaten oder Paprikaschoten
giouvétsi *(juvétsi)* Kalbfleisch mit *kritharáki* (reisförmigen Nudeln) in Tomaten-Kreuzkümmel-Sauce
keftédes Hackfleischbällchen mit Kartoffeln in Tomatensauce
kléftiko Fleisch geschmort in einer Sauce mit Schafskäse
kokkinistó Rindfleisch geschmort in Tomatensauce
láchano dolmádes Kohlrouladen, gefüllt mit Reis und Hackfleisch
makarónia me kimá Spaghetti mit Hackfleischsauce
moussakás Auflauf aus Auberginen, Kartoffeln, Hackfleisch
papoutsákia *(babudsakja)* Gemüse mit Hackfleisch, überbacken
pastítsio Nudelauflauf mit Käse und Hackfleisch
soutzoukákia *(ssudsukakja)* Hackfleischrollen in Tomatensauce mit Kreuzkümmel
spetsofaí *(spetsofä)* Eintopf mit Paprika und Rauchwurst
stifádo eine Art Gulasch zu gleichen Teilen aus Kalbfleisch und ganzen Zwiebeln, mit Zimt gewürzt
tourloú Gemüseeintopf, traditionell zu Reis serviert

Fisch & Meeresfrüchte

astakós Languste, Mittelmeerhummer
barboúnia *(barbunja)* Rotbarbe, kleiner und grätenreicher, aber feiner Seefisch der besten Kategorie
chtapódi Krake (als Salat, gegrillt oder mit Gemüse gekocht)
fángri Zahnbrasse
garídes Scampi
glóssa Scholle, Seezunge
kalamarákia Tintenfisch, fritiert oder in der Pfanne gebraten, kommt aber fast immer aus der Gefriertruhe
ksifiás Schwertfisch, meist als Scheibe gegrillt
lavráki Barsch
mídia *(midja)* Muscheln
soupiés *(ssupjes)* Tintenfisch (Sepia), oft im Ganzen oder auch gefüllt serviert, im Gegensatz zu Kalamares meist frisch gefangen
tónos *(tonnos)* Tunfisch
tsipoúra Dorade (Goldbrasse)

Süßspeisen

baklavás Blätterteig mit Nussfüllung, getränkt in Zuckersirup
chalvá knusprige Riegel aus Honig und Sesam
galaktoboúreko Blätterteig mit cremiger Grießfüllung
kaltsoúnia süße Käseteilchen
krem karamellé Karamelcreme
loukoumádes ausgebackene Krapfen serviert mit Honig und Sesam
revaní Grießkuchen
risógalo Reispudding
tirópita Blätterteig mit Käsefüllung

Obst

karpoúsi Wassermelone
mílo Apfel
pepóni Honigmelone
portokáli Orange
rodákina Pfirsich
síka Feige
stafília Trauben

Aktivurlaub

Nur mit Moped oder Moutainbike kommt man an die schönsten Strände

Korfu ist eine der sportlichsten Inseln Griechenlands. Wassersport wird hier ebenso groß geschrieben wie Wandern und Mountainbiking. Korfu ist neben Kreta und Rhodos die einzige griechische Insel mit einem Golfplatz – und auch zum Reiten und Tennisspielen gibt es gute Möglichkeiten. Wer es lieber etwas bequemer hat, kann ein Cricket-Spiel miterleben oder sich der eigenen Wellness widmen.

Angeln
Um im Meer zu angeln, braucht man keinerlei Genehmigungen. Angelschnüre und -haken gibt es in vielen Supermärkten und an manchen Kiosken.

Baden
Alle griechischen Strände sind öffentlich zugänglich. Privatstrände verbietet das Gesetz. Eine ›Baywatch‹ gibt es nur an besonders gut besuchten Stränden. Sonnenliegen und -schirme werden vor vielen Hotels, Tavernen und Beach Bars vermietet (Schirm plus zwei Liegen 5–7 € pro Tag).

Quallen sind selten, mit Seeigeln muss jedoch auf steinigem Untergrund gerechnet werden. Haie gibt es nicht. Der im Winter angespülte Tang wird erst Mitte Mai entfernt – wer früher kommt, muss manchmal durch meterdicke Tangschichten ins Wasser stapfen.

Ein großes Manko griechischer Strände sind die fehlenden öffentlichen Toiletten. Man ist auf Tavernen angewiesen. Wo es sie nicht gibt, wird leider manchmal das Umfeld des Strandes zur Kloake.

Banana & Co.
Sehr beliebt als Zeitvertreib am Meer ist das Banana Riding (4–10 Leute auf einer Art Schlauchboot, das vom Schnellboot gezogen wird). Ringos nennt man Einzelsitzer, die in Gruppen zu 4–6 geschleppt werden. An vielen Stränden wird auch Wasser- und Jetskifahren angeboten (ca. 20–25 € pro 15 Min.). Wer es lieber gemächlich mag, kann Tretboote mieten (ca. 8–10 € pro Std.).

Clubsport
Aerobic, Bogenschießen und andere Clubsportarten werden in den Anlagen des Club Med, beim Calimera und Club Magic Life angeboten.

Golf
Der 18-Loch-Platz (Par 72, 6183 m Länge) gilt als schönster und gepflegtester Golfplatz Griechenlands. Er liegt im Ropa Valley, ca. 14 km von Kérkira entfernt und ist häufig Austragungsort der Offenen griechischen Meisterschaften. Im Mai, September und Oktober müssen die Anschlagzeiten im Voraus telefonisch reserviert werden (Tel. 22610-

Aktivurlaub

94 220). Greenfee ca. 90 €/Tag oder ca. 220 €/Woche.

Motorboote

Zum Führen von Motorbooten bis zu 30 PS genügt für Touristen in Griechenland ein Pkw-Führerschein. Für die ebenfalls angebotenen Boote mit Motoren ab 30 bis zu 135 PS wird die Vorlage eines Motorbootführerscheins verlangt. Boote werden vor allem in den Badeorten an den Buchten der Ostküste vermietet, aber auch an der Bucht von Paleokastrítsa. Für ein mit 15 PS motorisiertes Boot zahlt man ca. 130 € pro Tag, für ein 25 PS starkes Boot 140 € pro Tag. Hinzu kommen jeweils noch die Benzinkosten.

Parasailing

Wer sich gern einmal an einem Fallschirm von einem Motorboot in etwa 10–30 m Höhe übers Wasser ziehen lassen möchte, kann das allein oder zu zweit tun. Man zahlt dafür allerdings allein ca. 35 €, als Tandem ca. 50 € für rund 10–12 Minuten.

Radfahren

Fahrräder und MTBs kann man in vielen Küstenorten ab ca. 9 € pro Tag leihen. Zwei professionelle Mountainbike-Spezialisten bieten auch geführte Touren verschiedenen Schwierigkeitsgrades an. Bei den leichteren Touren werden Teilstrecken im Bus zurückgelegt. Beide Unternehmen holen Kunden, die ein Bike für eine Woche oder länger mieten wollen, gern kostenlos vom Flughafen oder ihrem Urlaubshotel ab:
S-A-F Travel, Skombú (an der Straße Gouviá-Paleokastrítsa), Tel. und Fax 26610-97 558, Mob. 69 45 52 80 31;
The Corfu Mountainbike Shop, Dassiá, an der Hauptstraße ca. 180 m nördlich vom Hotel Dassiá Chandrís, Tel. 26610-93 344, Fax 26610-46 100, Filiale im Grecotel Daphnila Bay (s. S. 52), www.mountainbikecorfu.gr.

Reiten

Der Reitstall bei Áno Korakianá wird auch höheren Ansprüchen gerecht. Er bietet ein- und mehrstündige Ausritte für Anfänger und erfahrene Reiter. Weitere Reitställe gibt es bei Ágios Geórgios Pagón, Róda und Kassiópi.

Segeln

Möglichkeiten zum Jollen- und Katamaransegeln bieten vor allem Wassersportzentren in Ágios Geórgios Pagón und in Dassiá.

Der Yachthafen von Gouviá ist einer der größten Griechenlands. Hier sowie in Kérkira haben auch mehrere Yachtvermieter ihre Basis, bei denen man Segelyachten mit und ohne Skipper wochenweise buchen kann:

Wellness auf Korfu

Korfus Hotels stellen sich nur zögerlich auf die allgemeine Wellness-Welle ein. Es gibt bisher nur ein Haus, das Luxus und Wellness miteinander verbindet: das Grecotel Daphnila Bay Thalasso in Dafníla. Geboten werden dort ein Thalasso-Pool, Dampfbad, Sauna, Jacuzzi, Kardio-Fitnessraum, Kosmetik-Studio, Hydromassage und Algenpackungen. Die Individualtarife sind sehr hoch – wer in diesem Wellness-Hotel wohnen will, bucht es besser über einen deutschen Reiseveranstalter!
Grecotel Daphnila Bay Thalasso: Komméno-Halbinsel, Tel. 26610-91520, Fax 26610-91026, www.grecotel.gr.

Aktivurlaub

Corfu Yachting, Odós Dérpfeld 12, Kérkira, Tel. 26610-99 470, Fax 26610-91 450, www.corfuyachting.com;
Odysseus Yachting Holidays, Odós Nausikaás 3, Kérkira, Tel. 26610-36 107, Fax 26610-36 944, www.odysseussailing.com;
Sal Yachting, Odós Spírou Mouríki 3, Kérkira, Tel. 06610-30 409, Fax 06610-30 410, www.salyachts.gr; Möglichkeiten zum Mitsegeln vermittelt **Sunsail**, c/o Kuhnle Tours, Nagelstr. 4, 70182 Stuttgart, Tel. 0711/16 48 40, Fax 164 84 65, www.sunsail.de.

Surfen

Den berühmten Meltémi, der viele Ägäis-Inseln im Hochsommer zu beliebten Starkwind-Revieren macht, gibt es auf Korfu nicht. Hier weht an Sommernachmittagen der aus Nordwesten kommende Maistros, dessen Stärke nur selten 4 Beaufort übersteigt.

Surfstationen gib es in allen größeren Badeorten. Für Anfänger sind die Buchten an der Ostküste, besonders die geschützten Buchten von Dassiá und Gouviá, bestens geeignet. Könner fühlen sich eher an der Nord- und Westküste wohl. Kite-Surfing wird auf Korfu bisher von keiner Wassersportstation angeboten. Für Kite-Surfer mit eigener Ausrüstung gilt Ágios Geórgios Argirádon als das beste Revier.

Tauchen

Anders als in der Ägäis gibt es im Ionischen Meer nur wenige Sperrgebiete, in denen aus Gründen des Antikenschutzes das Gerätetauchen untersagt ist. Rund um Korfu ist es fast überall erlaubt. Getaucht wird vor allem vom Boot aus vor der Westküste mit ihren zahllosen Buchten, Steilufern und Meeresgrotten. Als beste Tauchreviere gelten unter Kennern ein etwa 10 km langer Küstenstreifen an der Westküste zwischen Liapádes und Ermónes sowie ein etwa 5 km langes Gebiet im Nordosten zwischen Barbáti und Agní. Etwa zehn Tauchbasen findet man über die gesamte Insel verteilt; die Tauchlehrer sind zumeist Deutsche und Briten. Über eine Druckkammer verfügt nur die Basis von Water Hoppers in Ípsos an der Ostküste.

Tennis

Zu allen größeren Strandhotels gehören Tennisplätze; viele davon sind mit einer Flutlicht-Anlage ausgestattet. Richtige Tennisturniere werden alle zwei Wochen im Grecotel Daphnila Bay Thalasso in Dafníla (s. S. 52) ausgetragen. Auch die Gäste des Grecotels Corfu Imperial in Gouviá können daran teilnehmen.

Wandern

Für Wanderfreunde ist Korfu mit seinen Olivenhainen, grünen Ebenen und zahllosen Hügeln ein ideales Revier. Es gibt kaum befahrene Sträßlein, Feldwege und alte Bauernpfade und dazwischen immer wieder urige Dörfer, in denen Touristen noch seltene und daher willkommene Besucher sind. Wanderer sollten unbedingt feste, halbhohe Schuhe und lange Hosen tragen, denn insbesondere im Frühjahr begegnet man vielen (zumeist ungiftigen und ohnehin vor dem Menschen flüchtenden) Schlangen. Eine Besonderheit ist der etwa 250 km lange und hinlänglich markierte Corfu Trail, der kreuz und quer von Süd nach Nord über die Insel führt. Er beginnt in Arkoudíllas und endet am Kap Agía Ekateríni. Infos und Pauschalangebote mit Übernachtung unterwegs gibt es bei:

Aktivurlaub

Aperghi Travel, Kérkira, Leofóros Dimokratías/Ecke Odós Polýlas 1, Tel. 26610-48 713, Fax 26610-48 715, www.travelling.gr/corfutrail.
Gute Wanderkarten fehlen allerdings noch; man braucht etwas Spürsinn, um sich zurechtzufinden. Zur groben Orientierung ist die Korfu-Karte im Maßstab 1:100 000 aus dem griechischen Verlag Road Editions am besten geeignet. Sie ist auf Korfu meist nicht an Kiosken und in Souvenirläden, sondern nur in Buchhandlungen erhältlich, kann aber auch schon in Deutschland bestellt werden. Besonders schöne Wandergebiete sind der Inselnorden und die Inselmitte. Gutes Schuhwerk mit rutschfester Sohle und eine Kopfbedeckung sind beim Wandern auf Korfu ein unbedingtes Muss. Lange Hosen verhindern Kratzer an den Beinen durch dorniges Gestrüpp.

Wer nicht auf eigene Faust wandern will, kann von zu Hause aus eine geführte Wanderreise auf Korfu buchen. Anbieter sind z.B. die Alpinschule Innsbruck (ASI), Krauland und Studiosus.

Zuschauersport

Korfu ist die einzige griechische Insel, auf der man das urbritische Cricket praktiziert. Das Spielfeld liegt auf dem Grün der Esplanade vor dem Alten Palast in Kérkira; Zuschauen ist kostenlos.

Die schönsten Strände

Batería Beach (E 1): Ein Kiesstrand auf der Festungshalbinsel von Kassiópi, nur 80 m lang und 20 m breit, mit Liegestuhl- und Sonnenschirmvermietung. Glasklares Wasser, umrahmt von niedrigen, mit Bäumen bestandenen Felsen.

Canal d'Amour (B 1): Ein herrliches Flecken Erde für ein Bad ganz früh in der Vor- oder ganz spät in der Nachsaison. Sonst muss man allerdings ganz früh am Morgen oder kurz vor Sonnenuntergang kommen. Dann hat man die winzigen, felsumrahmten Buchten mit kleinen Sandstränden fast für sich allein und kann sich beim Durchschwimmen des Kanals auch besser auf seinen Herzenswunsch konzentrieren (s. S. 100).

Chalikoúnas Beach (D 8): Ein kilometerlanger Grobsandstrand vor niedrigen Dünen. Es gibt keinen Baum und keinen Sonnenschirmvermieter weit und breit und statt Strandtavernen nur eine behelfsmäßige *kantína* am Parkplatz, die Getränke und Snacks verkauft. Für Kinder kaum geeignet, da der Strand ungeschützt dem offenen Meer zugewandt ist (s. S. 57).

Kap Drástis (A 1): Ein schöner Platz für gute Schwimmer. Man sonnt sich auf glatten, weißen Felsschollen, springt oder klettert von dort ins Meer, um an der Steilküste entlangzuschwimmen. Es gibt hier weder Sonnenschirm- noch Liegestuhlvermieter – aber auch keine Rettungsschwimmer!

Mon Repos Beach (E 5): Das Schöne an dem sonst eher unscheinbaren, sehr schmalen und nur etwa 100 m langen Kiesstrand ist seine geschwungene Form an einer vom Grün des Schlossparkes Mon Repos umschlossenen Bucht. Auch der Anleger, an dem manchmal Fischer und Segelyachten festmachen, wird als Liegefläche benutzt. Da man vom nächsten Parkplatz aus etwa 15 Min. zum Strand braucht, herrscht hier meist wenig Betrieb. Achtung: Verwechseln Sie den Mon Repos Beach nicht mit dem Strandbad Mon Repos am südlichen Stadtrand von Kérkira (s. S. 74).

Sprachführer

Das griechische Alphabet

Α α	a	Ν ν	n	
Β β	v	Ξ ξ	x (ks)	
Γ γ	j vor E und I, sonst g	Ο ο	wie in ›oft‹	
		Π π	p	
Δ δ	wie engl. ›the‹	Ρ ρ	gerolltes r	
Ε ε	ä (e)	Σ σ	wie in ›Tasse‹	
Ζ ζ	wie s in Sahne	Τ τ	t	
Η η	i	Υ υ	i; nach A und E wie f	
Θ θ	wie engl. ›thanks‹	Φ φ	f (ph)	
Ι ι	i, vor Vokal wie j	Χ χ	vor E, I wie ›ich‹ vor A, O, U wie ›ach‹	
Κ κ	k			
Λ λ	l	Ψ ψ	ps	
Μ μ	m	Ω ω	wie in ›oft‹	

Buchstabenkombinationen

ΑΙ αι	e (ä)	ΝΤ ντ	d im Anlaut, nd im Wort
ΓΓ γγ	ng		
ΕΙ ει	langes i	ΟΙ οι	i
ΜΠ μπ	b im Anlaut, mb im Wort	ΟΥ ου	ou (u)
		ΤΖ τζ	tz (ds)

Aussprache
Wichtig ist die richtige Betonung auf der Silbe mit dem Akzent. Vokale werden immer kurz und offen ausgesprochen!

Allgemeines

Guten Tag!	Kaliméra!
Guten Abend!	Kalispéra!
Gute Nacht!	Kaliníchta!
Auf Wiedersehen!	Adío!
Gute Reise!	Kaló taxídi!
Hallo!	Jássu! (per du)
	Jássas! (per Sie oder mehrere)
Wie geht's?	Ti kánis?
gut (m./f.)	kaló/kalí
schlecht (m./f.)	kakó/kakí
Geht es dir gut?	Ísse kalá?
Sehr gut!	Polí oréo!
Bitte	Parakaló!
Bitte sehr!	Oríste!
Danke	Efcharistó!
Entschuldigung	Singnómi!
ja/nein	ne/óchi
der (das) da/die da	aftó/aftí
Ich heiße …	Mé léne …
Wo ist … ?	Pu íne … ?
Gibt es … ?	Échi … ?

Zeit

heute	símera
morgen	ávrio
morgens	to proí
abends	to vrádi
vor/nach	pró/ístera ápo
früh/spät	énoris/arjá

Notfall

Hilfe!	voíthia
Polizei	astinomía
Arzt	jatrós
Krankenhaus	nossokomío
Apotheke	farmakío
Unfall	átichima
Panne	pánna

Unterwegs

Haltestelle	stathmós
Bus	leoforío
Fahrkarte	isitírio
Hafen	limáni
Schiff	karávi
Auto	aftokínito
Eingang	ísodos
Ausgang	éxodos
links/rechts	aristerá/deksjá
geradeaus	efthían
hinter, zurück	píso
Vorsicht	prosochí
geöffnet	aniktó
geschlossen	klistó

Im Hotel
In allen Hotels wird Englisch gesprochen, oft auch Deutsch.

Im Restaurant

essen	trógo
trinken	píno
Prost	jámmas
Speisekarte	katálogos
Vorspeise	orektikó
eine Portion	mía merída
zwei Portionen	dío merídes
heiß/kalt	sésto/krío
Kaffee	kafés (Pl.: kafédes)
mit/ohne	me/chorís
Zucker/Milch	záchari/gala
Brot	psomí
Fisch	psári
Wein	krássi
Bier	bíra (Pl.: bíres)
Rechnung	logarjasmó
Wasser	neró
mit Kohlensäure	soda

Zahlen

1	éna (m.), mía (f.)	30	triánda
2	dío	40	saránda
3	tría, tris	50	penínda
4	téssera	60	eksínda
5	pénde	70	eftomínda
6	éksi	80	októnda
7	eftá	90	enneninda
8	októ	100	ekató
9	ennéa	200	diakósja
10	déka	300	triakósja
11	éndeka	400	tetrakósja
12	dódeka	500	pendakósja
13	dekatría	600	eksakósja
14	dekatéssera	700	eftakósja
20	íkossi	800	oktakósja
21	íkossi ena	900	ennjakósja
22	íkossi dío	1000	chílja
		2000	dío chiljádes

Wichtige Sätze

Auskünfte
Wo fährt der Bus nach … ab? Pú féwji tó leoforío já … ?
Wann fährt er ab? Póte thá féwji?
Ist das der Weg nach … ? Ine aftós ó drómos já … ?
Ich suche eine Apotheke. Thélo ná vró éna farmakío.
Ich möchte telefonieren. Thélo ná tilefonísso.
Wie spät ist es? Ti óra íne?

Restaurant, Hotel, Markt
Kann ich (ein Glas Wasser) bekommen? Boró ná écho (éna potíri neró)?
Ich möchte (eine Flasche Retsina) Thélo (éna boukáli retsína).
Wo ist die Toilette, bitte? Pú íne i tualétta, parakaló?
Zahlen, bitte! Plilróssome, parakaló!
Haben Sie ein freies Zimmer? Échete éna léfthero domátio?
Wie viel kostet das? Pósso káni aftó?
Das ist teuer! Ine akrivós!

In der Bar
Woher kommst du? Apo pu ísse?
Du gefällst mir (nicht)! (Dhen) M'aréssis!
Lass uns gehen! Páme!
Ich habe es eilig! Viássome!
Hau ab! Fíye!

Reise-Infos

Auskunft

Griechische Zentrale für Fremdenverkehr (EOT)
... in Deutschland
60311 Frankfurt am Main
Neue Mainzer Str. 22
Tel. 069/257 82 70, Fax 25 78 27 29
info@gzf-eot.de
10789 Berlin, Wittenbergplatz 3A
Tel. 030/217 62 62, Fax 217 79 65
20354 Hamburg, Neuer Wall 18
Tel. 040/45 44 98, Fax 45 44 04
80333 München, Pacellistr. 2
Tel. 089/22 20 35, Fax 29 70 58

... in Österreich
1010 Wien, Opernring 8
Tel. 01/512 53 17, Fax 513 91 89
grect@vienna.at

... in der Schweiz
8001 Zürich, Löwenstr. 25
Tel. 044-221 01 05, Fax 212 05 16
eot@bluewin.ch

... auf Korfu
Kérkira, Odós Rizospáston Voulefton/ Ecke Odós Políla, Neustadt,
Tel. 26610-37 520, Fax 26610-30 298
Mo–Fr 8.30–14.30 Uhr

Einreise

Ein gültiger Personalausweis genügt für die Einreise. Kinder unter 16 Jahren müssen im Pass der Eltern eingetragen sein oder einen eigenen Kinderausweis (ab zehn Jahren mit Lichtbild) besitzen. Bei der Einreise mit dem eigenen Fahrzeug sind nationaler Führerschein und Kraftfahrzeugschein vorzulegen. Die Mitnahme der Internationalen Grünen Vesicherungskarte wird empfohlen.

Für Hunde: müssen die Kennzeichnung des Tieres durch Mikrochip oder Tätowierung und eine gültige Tollwutimpfung (mindestens 30 Tage, maximal 12 Monate alt) eingetragen sein. Bei der Einreise über Ex-Jugoslawien muss zudem der Nachweis von Tollwut-Antikörpern erbracht sein.

Zollbestimmungen: Waren zum persönlichen Gebrauch können EU-Bürger zollfrei mitführen; bis zu 800 Zigaretten, 90 l Wein, 10 l Schnaps sind daher frei. Für Schweizer Bürger (und für Duty-Free-Waren) gelten jedoch die alten Grenzen: 200 Zigaretten und 1 l Spirituosen über 22 % Alkohol.

Anreise

Mit dem Flugzeug

Per Charterverkehr wird Korfu von Ende April bis Ende Oktober von fast allen Flughäfen in den deutschsprachigen Ländern angeflogen. LTU/Air Berlin fliegt Korfu im Winter 2 x pro Woche ab Düsseldorf an. Die Flugzeit nach Korfu beträgt ab Berlin und Saarbrücken ca. 160 Min., ab München und Innsbruck ca. 130 Min.

Per Linie ist ein Zwischenstopp erforderlich: Man muss in Athen umsteigen, von dort fliegen Olympic Airlines und Aegean Airlines ganzjährig zwei- bis viermal täglich nach Korfu.

Mietwagen werden am Flughafen bereitgestellt, wenn man sie vor der Anreise reserviert hat. Ein Bankschalter ist zu den Auslandsankünften meistens geöffnet, daneben stehen ein Bargeld- und Geldscheinwechselautomat.

Nach der Ankunft: Der Flughafen liegt unmittelbar südlich des Stadtzentrums. Einen Flughafenbus gibt es nicht. Städtische Linienbusse halten 200 m vom Terminal entfernt an der Hauptstraße. Individualreisende nehmen also besser eines der vielen vor dem Terminal wartenden Taxis. Die Fahrt in die Stadt Kérkira kostet je nach Ziel etwa 7–10 €. Nimmt der Fahrer mehrere Fahrgäste mit, die nicht zusammengehören, zahlt jeder den vollen Preis – das ist normal in Griechenland!

Mit der Fähre
Autofähre: Das ganze Jahr über ist Korfu mehrmals täglich per Fähre mit den italienischen Städten Ancona, Bari, Brindisi, Triest und Venedig verbunden. Am kürzesten ist die Strecke ab Brindisi (Fahrzeit vier bis acht Stunden), am bequemsten ist die Anreise ab Venedig oder Triest (ca. 27 Std.), die beide leicht mit der Bahn zu erreichen sind. Besonders schön ist der Blick von Bord der Fähre auf den Markusplatz.
Inlandsfähren pendeln rund um die Uhr zwischen Kérkira und Igoumenítsa auf dem Festland.
Häfen: Der internationale Fährhafen liegt am nordwestlichen Stadtrand etwa 1 km vom Stadtzentrum entfernt. Die Fähren nach Igoumenítsa liegen nordwestlich davon etwa 2 km vom Zentrum entfernt. Der blaue Stadtbus Nr. 2 fährt von beiden Fährhäfen in die Innenstadt; auch Taxis stehen nach Fähranskünften immer bereit.

Geld

Währung ist der Euro (1 € = 1,65 CHF, 1 CHF = 0,60 €). Abhebungen mit der EC/Maestro-Karte, der SparCard der Post oder Kreditkarten sind an den Geldautomaten der Banken auf der Insel möglich. Da die Gebühr von der Höhe des abgehobenen Betrags unabhängig ist, ist es kostengünstiger, einmal viel als mehrmals wenig Geld zu holen. In gehobenen Restaurants und Hotels werden Kreditkarten meist akzeptiert (vor allem Visa-, MasterCard), in Tavernen und Pensionen nur selten.

Notfall

Polizei, Ambulanz, Feuerwehr: Tel. 112 (landesweit, gebührenfrei), Englisch wird fast immer verstanden.
Pannendienst: ELPA, Tel. 104 00, Mietwagenfahrer rufen den Vermieter an.
Deutsches Konsulat: Odós Kapodistríou 23 (über dem Restaurant Aegli), Kérkira, Tel./Fax 26610-36 826
Österreichisches Konsulat: Odós K. Zavitsianoú 3, Kérkira, Tel./Fax 26610-44 252
Schweizer Konsulat: Odós Mitropolítou Methodíou 3, Kérkira, Tel./Fax 26610-43 164.

Telefonieren

Am besten mit Telefonkarten, erhältlich an jedem Kiosk, in vielen Supermärkten und beim Büro der OTE (griech. Telekom) in der Stadt Kérkira. Internationale Vorwahlen: D 0049, A 0043, CH 0041, dann die Ortsvorwahl ohne Null. Vorwahl für GR 0030.
In Griechenland sind alle Telefonnummern außer Notrufnummern zehnstellig, eine Ortsvorwahl gibt es nicht. Bei Anrufen nach Griechenland wählt man also 0030 plus die gesamte zehnstellige Rufnummer.

Reise-Infos

Handys sind in Griechenland weit verbreitet, über die günstigsten Roaming-Partner informiert Ihr Provider. Dabei zahlt man auch für eingehende Anrufe aus dem Ausland; alternativ kauft man eine griechische Prepaidkarte. Um deutsche Handys in Griechenland zu erreichen, muss man immer die deutsche internationale Vorwahl wählen (+49), bei Anrufen in Griechenland braucht man hingegen keine Landesvorwahl.

Öffnungszeiten

Banken: Mo–Do 8–14, Fr 8–13.30 Uhr
Postämter: Mo–Fr 7.30–15 Uhr
Geschäfte: Mo, Mi, Sa ca. 9–14; Di, Do, Fr 9–13.30 und 17–20.30 Uhr.
Souvenirgeschäfte meist tgl. von ca. 10–23 Uhr, **Supermärkte** Mo–Fr 8–22 Uhr, Sa 8–16 Uhr.

Gesundheit

Vorbeugung: Um schweren Sonnenbränden vorzubeugen, sind Cremes mit hohem Schutzfaktor dringend zu empfehlen. Durchfall lässt sich durch Hygienemaßnahmen wie häufiges Händewaschen vermeiden, auch sollte man keine eiskalten Getränke trinken. Durch Ohrenstöpsel können Mittelohrentzündungen vermieden werden, die nicht selten durch Keime im Wasser der Pools verursacht werden.

Unfallpatienten versorgen das Krankenhaus in Kérkira und die National Health Centre (ESY) in größeren Dörfern. Im Jahr 2009 soll das neue Krankenhaus in Kérkira fertig gestellt werden. Die meisten Ärzte auf der Insel sprechen Englisch. Die Behandlung muss man bar oder per Kreditkarte bezahlen, gegen Quitttung (in Engl.) erstatten die Krankenkassen diese Kosten in Höhe ihrer Regelsätze. Die European Health Card der gesetzlichen Krankenversicherungen wird nur von wenigen Kassenärzten akzeptiert.

Auslandskrankenversicherung: Eine solche Versicherung ist ratsam, um sich gegen hohe Risiken wie Krankenhausaufenthalt oder Rücktransport zu schützen. Jedoch sollte man nach der Höhe einer evtl. Selbstbeteiligung fragen.

Behinderte

Körperbehinderte können zwar mit Hilfsbereitschaft rechnen, doch fehlen spezielle Einrichtungen ganz. Sie sind immer auf eine Begleitperson angewiesen.

Unterwegs auf Korfu

Mit dem Bus

Auf Korfu gibt es zwei Kategorien von Bussen: die blauen Stadtbusse, die auch außerhalb der Stadt bis nach Dassiá, Benítses, Pélekas und zum Achíllion fahren, sowie die grünen Fernbusse. Die Busse sind das preiswerteste öffentliche Verkehrsmittel auf Korfu. Für 10 km Busfahrt zahlt man etwa 0,70 €. So kostet z. B. die 25 km lange Fahrt von Kérkira nach Paleokastrítsa nur 1,75 €.

Stadtbusse: Zentraler Abfahrtpunkt in Kérkira ist für die meisten Stadtbusse die Platía M. Theotóki, im Volksmund Platía San Rocco genannt. Hier gibt es einen Auskunftsschalter, an dem man auch Fahrkarten kaufen kann (zwei Preisstufen je nach Entfernung). Fahrkarten sind außerdem an einigen Kiosken erhältlich, nicht aber in der Nähe jeder Haltestelle (im Hotel fragen!). Es gibt noch Stadtbusse mit Schaffner, bei dem man auch Fahrkarten kaufen kann, aber die Zahl der schaffnerlosen Busse nimmt ständig zu. Am besten kauft man einen kleinen Fahrkartenvorrat. Routenverlauf: s. S. 77.

Fernbusse: Alle Busse in die Inselorte fahren am Busbahnhof an der Odós Avramíou in Kérkira ab (Auskunft: Tel. 26610-28 927, für Stadtbusse 26610-31 595). Verbindungen in die Inselorte sind bei den jeweiligen Zielorten angegeben. Außerdem besteht eine Fernbusverbindung mit Athen 2–4 x tgl., mit Thessaloníki 2 x tgl. Die aktuellen Fernbusverbindungen sind im Internet unter www.ktel.org abrufbar.

Mit dem Taxi

In der Stadt und in den Touristenzentren sind Taxen zahlreich. Man unterscheidet das Taxi mit Taxameter und das ländliche Agoraion, in dem der Fahrpreis nach Kilometerzähler berechnet wird. Die Tarife sind identisch. Pro Kilometer zahlt man innerhalb der Stadtgrenzen 0,34 €, sonst 0,64 €. Zuschläge werden für Fahrten vom Flughafen und Hafen, für Gepäck, für telefonische Bestellung sowie in der Weihnachts- und Osterzeit erhoben. Für Nachtfahrten (24–5 Uhr) zahlt man auch innerorts 0,64 €/km.

Mit Auto & Motorrad

Auf Korfu gibt es nur wenige gut ausgebaute Straßen. Die meisten sind schmal und oft kurvenreich, sodass vorsichtiges Fahren dringend anzuraten ist. Vor unübersichtlichen Kurven sollte man hupen, nach Regenfällen besonders langsam fahren: Der Asphalt verwandelt sich dann oft in eine Rutschbahn.

Mietwagen: Werden in der Stadt und in allen Touristenzentren in großer Zahl angeboten. Sonderangebote sind außer im August häufig, Rabatte auf Nachfrage leicht zu erzielen. Vollkaskoversicherung ist immer eingeschlossen, deckt jedoch nie Schäden an den Reifen und an der Wagenunterseite ab. Außerdem ist eine Selbstbeteiligung (ca. 150 €) vorgesehen. Das Mindestalter für Mieter ist meist 23, manchmal nur 21 Jahre. Einen Kleinwagen erhält man im Sommer ab etwa 30 € pro Tag inkl. Steuern und Versicherung.

Mopeds & Fahrräder: Werden in allen größeren Urlaubsorten vermietet. Für Mopeds und Roller muss ein Auto-Führerschein vorgelegt werden, für Motorräder ein der Klasse entsprechender.

Verkehrsregeln: Zulässige Maximalgeschwindigkeit innerorts 50 km/h, auf Landstraßen 90 km/h (Motorräder nur 80 km/h). Promillegrenze 0,5 (für Motorradfahrer 0,1). Es gilt Anschnallpflicht und Helmpflicht für Moped- und Motorradfahrer. Die Bußgelder sind drastisch, über 0,6 Promille führt zu einer Anklage beim Schnellrichter, was über 600 € Strafe bedeutet.

Tankstellen: Die Preise sind etwa 25 % niedriger als in Deutschland. Benzin heißt *venzíni,* bleifrei *amólivdi,* Diesel *petrélio.*

Organisierte Touren

Angeboten werden verschiedene ganztägige Inselrundfahrten, der Besuch des Achílleion und der Inselhauptstadt, Jeep-Safaris und Bootsausflüge z. B. nach Páxos und Antípaxos, nach Párga auf dem Festland und nach Albanien. Die Ausflüge bucht man bei der Reiseleitung oder in den vielen Reisebüros in den Badeorten.

Orte vo

Stille Dörfer und schöne Strände, kleine Klöster und grandiose Aussichtspunkte, ausführliche Hinweise für die Inselhauptstadt, Sport zu Wasser und zu Lande, Unterkünfte in jeder Preislage für jeden Geschmack, die besten Restaurants und die urigsten Tavernen, typische Lokale mit korfiotischer Musik, die Daten der schönsten Feste und originelle Läden und Werkstätten – dieser Führer zur

n A bis Z

grünsten unter den griechischen Insel gibt Ihnen zahlreiche nützliche Tipps und ausgesuchte Adressen an die Hand, damit Ihr Urlaub zu einem Erlebnis wird! Und dem, der auf Korfu Besonderes sehen möchte, seien die fünf Touren empfohlen. Korfu in kompakter, überschaubarer Form für den, der viel sehen und nichts verpassen will.

Acharávi

Acharávi (C 1)

Seit etwa 1985 hat sich der zuvor bedeutungslose Weiler in ein Touristenzentrum mit inzwischen fast 700 Einwohnern verwandelt. Der historische Ortskern an der alten Hauptstraße ist winzig; hingegen breiten sich Hotels und Pensionen in lockerem Abstand zwischen neuer Hauptstraße und dem kilometerlangen Sandstrand aus. Der Dreh- und Angelpunkt des Ortes ist ein Rondell, also ein Kreisverkehr an der Hauptstraße von Kassiópi nach Sidári, von dem aus auch die Hauptzufahrt zum Strand und die Gasse durch den historischen Ortskern ausgehen. Es ist eine gute Orientierungshilfe.

Sehenswert

Römische Thermen: An der Hauptstraße in Richtung Sidári, 650 m hinter dem Rondell links, unter einem Schutzdach frei einsehbar.
Reste von gemauerten Heißluftschächten und Hypokaustenpfeilern der Fußbodenheizung einer großen römischen Therme wurden 1985 entdeckt, aber nur teilweise freigelegt. Ein Umweg lohnt sich ihretwegen nicht.

Sport & Strände

Acharávi Beach: Kilometerlanger Sandstrand, stellenweise mit Kieselsteinen durchsetzt. Kein Schatten, in weiten Abschnitten naturbelassen, sonnig bis zum Sonnenuntergang.
Hydrópolis: Am westlichen Ortsende von Acharávi zwischen Hauptstraße und Meer, Tel. 26630-64 700, www.gelinavillage.gr, Mai–Sept. tgl. 10–19 Uhr, Eintritt 15 €, Kinder (5–12 Jahre) 15 €. Ab 17 Uhr ermäßigter Eintritt 10 bzw. 6 €.
Spaßbad mit mehreren Pools, Liegewiesen und Riesen-Wasserrutschen.

Ausgehen

Veggera: Hippe Beach Bar am zentralen Strandabschnitt, überraschend preisgünstig.
Vento: Der Jugendtreff des Ortes direkt am Rondell, bequeme Möbel zum Chillen, die neueste Musik voll aufgedreht, auch Internet-Zugang.

Informationen im Internet:
www.corfu-acharavi.com

Corifo Village: Hotel am Westrand des historischen Ortskerns. Aus Richtung Kassiópi kommend am Wegweiser zum Hotel Acharávi Beach links inseleinwärts abbiegen, 80 m weiter steht das Hotel, 44 Studios und Apts., Tel. 26630-64 592, Fax 26630-63 138, corifo@otenet.gr, Studio im Mai ca. 40 €, im August ca. 55 €.
Familienfreundliche, ruhig gelegene Anlage mit Pool. Der gut Deutsch sprechende Inhaber Aléxandros Tsépis ist stets für seine Gäste da. Zum Strand etwa 250 m.
Harry's: Im östlichen Teil der alten Dorfstraße, Tel. 26630-63 038, Mob. 6974-916 637, www.harrysbar-corfu.com, DZ 25–35 €.
10 Studios und Apartments für bis zu vier Personen im alten Ortskern, wo der rührige Wirt Harry seit 1981 die älteste Café-Bar des Dorfes betreibt. Einfach, herzlich, günstig.

Ein Abendessen bei im Meer versinkender Sonne bieten die Restaurants am Strand von Acharávi.
Lemon Garden: An der Hauptstraße gleich westlich des Rondells, tgl. ab 9 Uhr. Lamm vom Spieß 9,50 €, Spanferkel 8,50 €, Zitronentorte mit Eis 3,80 €, englisches Frühstück 4,30 €, Kinder-Pizza mit Pommes 5 €.

Acharávi

Paradiesisches Allround-Lokal in einem Zitronenhain (bitte nicht pflücken, für jeden Gast liegt eine Zitrone zum Mitnehmen am Ausgang bereit). Vom üppigen Frühstück über von Wirtin Soúla selbst gebackene Kuchen bis zum großen Grill am Abend (Fisch, Lamm, Spanferkel) kann man hier bei bestem Service auf Holz und Rattan und sogar in Hängematten den Tag genießen. Exotische Cocktails und eine exzellente Weinkarte machen das Lemon Garden perfekt.

Monólithi: Auf einer Bergkuppe im Hinterland, am östlichen Ende der alten Dorfstraße ausgeschildert, von dort ca. 2 km entfernt, tgl. ab 10 Uhr, typische *pítes* wie der Zwiebelkuchen *kremidópita* schon ab 3 €, Hauptgerichte meist 5–8 €.
Folkloristisch-rustikal eingerichtete Taverne in einer aufwendig restaurierten, steinernen Olivenmühle. Spezialität sind *pítes,* gefüllte Blätterteigtaschen, und andere regionale Gerichte aus Nordgriechenland. Samstag- und sonntagabends häufig Live-Musik, zu der der gut Deutsch sprechende Inhaber Níkos Puoliásis oft selbst singt.

Pumphouse: Am Rondell, Tel. 26630-63 271, typische Kosten inkl. Hauswein ca. 12–15 €.
Exzellenter Service, weiße Stofftischdecken, Teelichter in Salzstein und dezente Easy-Listening-Musik machen das älteste Restaurant des Ortes zum relativen Edel-Restaurant. Leckeres Sofríto mit Backblechkartoffeln. Für alle, die es gern etwas schärfer mögen, gibt es ein ausgezeichnetes Tas Kebab (Gulasch mit Reis).

Busverbindungen: Montag bis Samstag 4 x täglich mit Kassiópi, Sidári und Kérkira, Sonntag 1 x mit Kérkira.

Keine Hektik: Er weiß das Leben zu genießen

Afiónas

Ziele in der Umgebung

Róda: Am Strand kann man bis ins belebte Róda (s. S. 98) laufen (2 km, ca. 30 Min.).

Kap Agía Ekateríni (D 1): Am östlichen Ende des Acharávi Beach (ca. 70 Min.). Kleine Strandbuchten auf einer einsamen ›Insel‹, die vom Bach Almirós und dem Antiniótissa-See gebildet wird.

Achíllion

s. Gastoúri, S. 57

Afiónas (A 3)

Das kleine Dorf hoch über der Bucht von Ágios Geórgios Pagón liegt am Ansatz der Arílla-Halbinsel. Zu deren Spitze kann man auf kleinen Pfaden in etwa 30 Minuten wandern. Der besondere Reiz von Afiónas liegt einmal darin, dass man hier vom Hügelkamm auf die Buchten im Norden und im Süden blicken kann, und zum anderen in seinen guten Restaurants und Einkaufsmöglichkeiten für korfiotische Naturprodukte.

Sport & Freizeit

Gaia Retreat Center & Art Gallery: Im Dorf,
an der Hauptstraße ausgeschildert,
Tel./Fax 26630-51 781.
In ihrem ›Gaia-Haus‹ bieten die Deutsche Birgit Werner und andere Seminarleiter spirituelles Coaching für Frauen an, sowie je einwöchige Kurse in transzendenter Astrologie, im Malen und Zeichnen und noch einige andere mehr. Außerdem finden hier Wechselausstellungen verschiedener Künstler statt.

Einkaufen

Oliven und mehr: Am Dorfplatz,
tgl. 10.30–14 und 15–21 Uhr,
www.olivenundmeer.de
Liebevoll geführter Laden eines Badenser Ehepaares. Erstklassiges korfiotisches Olivenöl, selbst eingelegte Oliven, Olivenpaste, hausgemachter Weinessig und mehr.

Feste & Unterhaltung

28./29. Juli: Kirchweihfest zu Ehren des hl. Johannes mit Musik und Tanz.

Dionysos: 150 m vom Dorfplatz (dort ausgeschildert),
Tel. 26630-51 311 (im Winter 26630-51 310), Fax 26630-52 051,
DZ Mai–Okt. ab 40 €
2 einfache Doppelzimmer und 3 Apartments für 4 Personen über der gleichnamigen Taverne. Prächtiger Fernblick, aber 15 Min. steiler Abstieg zur nächstgelegenen Badebucht. Fahrzeug ratsam!

Das Blaue Haus: An der Hauptstraße, aus Richtung Arillás am unteren Dorfeingang,
tgl. ab 18 Uhr,
Hauptgerichte 7,50–12 €.
Taverne einer schon lange hier ansässigen Deutschen. Ausgezeichnete griechische Küche, mediterran verfeinert, viele vegetarische Gerichte, Terrasse mit Panoramablick.

Pergola: An der Hauptstraße, 15 m unterhalb des Dorfplatzes,
Hauptgerichte 6–8 €.
Preiswerte, traditionelle Küche. Hier darf man dem Koch noch in die Töpfe schauen.

Busverbindungen: 2 x tgl. mit Kérkira und Aríllas; nur Vormittagsausflüge per Bus nach Kérkira möglich!

Ágios Geórgios

Highlight

Ágios Geórgios Argirádon (St. George South) (E 9)

Die zu Argirádes gehörende, lang gestreckte Küstensiedlung ohne historischen Dorfkern bietet eine gute Mischung aus touristischer Infrastruktur und noch recht menschenleeren Stränden, die im Norden in die Dünenlandschaft des Korissión-Sees übergehen. Strandläufer werden hier ebenso happy wie Windsurfer.

Ausgehen

Mango: Nahe dem nördlichen Ende der Uferstraße.
Farblich krass gestaltete Beach Bar. Nur 4 m vom Meer entfernt, gutes Möbeldesign, trendige Musik.

Barbayánnis: An der Uferstraße im südlichen Ortsbereich, Tel. 26620-52 110, Cheers_barbayiannis@yahoo.co.uk, DZ im Mai ab ca. 30 €, im August ab ca. 45 €.
Fünf geräumige Zimmer mit Balkon und Meerblick sowie eine Ferienwohnung über der gleichnamigen Taverne.

Golden Sands: An der Uferstraße im südlichen Ortsteil, Tel. 26620-51 255, Fax 26620-51 140, DZ im Mai ab ca. 36 €, im August ab ca. 45 €.
Architektonisch zwar einfallsloses, zweigeschossiges Hotel mit überwiegend britischen Urlaubern, aber gutes Preis/Leistungsverhältnis. Kleiner Pool zwischen Hotel und Uferstraße.

Café Harley: Am nördlichen Uferstraßenende, tgl. ab 10 Uhr, www.korfu-ferienhaus.de, Hauptgerichte 6–11 €.
Wirtin des Traveller- und Windsurfer-Treffs mit dem verrücktesten Minigolf-Platz Griechenlands ist Anita aus Bayern, was man auf Wunsch auch ihrer Küche anmerkt. Auch Internet-Terminals.

O Kafesas: An der südlichen Strandhälfte direkt an der Uferstraße, ganzjährig tgl. ab 10 Uhr, Hauptgerichte 5–12 €.
Wirt Akis und seine neuseeländische Frau Miriam haben in ihrem Lokal schon Politprominenz, Show-Stars und Schönheitsköniginnen bewirtet, kümmern sich aber mit gleicher Inbrunst auch um alle anderen Gäste. Die Speisekarte dient hier nur dem Gesetz – man geht in die Küche und wählt. Von der gebratenen Sardine bis zur Languste und zum Kaviar gibt es stets frische Fische und Meeresfrüchte. Lecker ist das korfiotische *bourdétto* mit Stachelrochen.

Busverbindungen: 2 x tgl. mit Kérkira, per Bus nur Halbtagesausflüge nach Kérkira möglich.

Ágios Geórgios Pagón (St. George North) (A 3)

Die Siedlung am 3 km langen Sandstrand, der in seinem nördlichen Teil schon zu Afiónas (s. S. 42) gehört, ist erst im Zuge des einsetzenden Tourismus in den 80er Jahren entstanden und zählt nur 235 ständige Bewohner. Das Geld für ihre Hotels und Pensionen hatten sich die meisten Einheimischen zuvor als Emigranten im kalten Alaska verdient.

Sport & Strände

Wassersport: Zahlreiche Angebote am Strand, darunter auch Jollensegeln und in der Hauptsaison Paragliding.

Ágios Górdis

Hier liegt man richtig: am Strand von Ágios Geórgios

Reiten: Geführte Ausritte bietet Peter Frey, Tel. 26630-51 989, www.petros-garten.de.

Vermittlung: Zahlreiche Ferienwohnungen in diesem Gebiet vermittelt via Internet das deutschsprachige Büro von Wolfgang Gaiser, www.korfu-appartements.com.

Akrogiáli: auf der Südseite der Bucht, Tel. 6977-33 4278, www.akrogiali-fishtavern.gr, Sa/So und im Juli/August tgl. ab 13 Uhr, sonst ab 17 Uhr, typisches Essen mit Hauswein ca. 16–25 €.
Neue, sehr gepflegte Fischtaverne direkt am Meer, sehr engagierte und qualitätsbewusste Wirte.

Einkaufen
Ílios: An der Straße vom Strand nach Pági, Tel. 26630-96 043, www.ilios-living-art.com.
Der an der Goldschmiedeschule in Pforzheim ausgebildete Aléxandros, Jahrgang 1970, lädt alljährlich etwa zehn Goldschmiede ein, bei ihm zu arbeiten und ihre Werke anzubieten. Er selbst fertigt ebenfalls originellen Schmuck, veranstaltet aber auch Schmuckseminare.

Feste & Unterhaltung
Diónysos-Feste: In jeder Vollmondnacht zelebriert Alex vom Ílios in einem Olivenhain Feste im archaischen Stil zu Ehren des antiken Gottes mit Musik, Tanz, Essen und Trinken (30 €). Voranmeldung im Ílios erforderlich.

Busverbindungen: 2 x tgl. nach Kérkira; nur Halbtagesausflüge per Bus möglich.

Ágios Górdis (D 6)

Der bizarre Felsen ›Orthólithos‹ im Meer vor der Küste und seine Pendants am südlichen Rand der etwa einen Kilometer langen Sandstrandbucht geben Ágios Górdis sein besonderes Gepräge. Eingerahmt wird sie von steil abfallenden, fast überall bis ans Wasser hinabreichenden grünen Hängen. Ein etwa zweihundert Meter langes Straßenstück mit Tavernen, Läden und Bars bildet das Zentrum; ansonsten stehen die Pensionen und Hotels locker verteilt am Strand. Im Winter lebt hier niemand; die Bewohner ziehen hinauf ins zugehörige Bergdorf Sinarádes. Ein aussichtsreicher Wanderweg führt in etwa dreißig Minuten hinauf in das kleine Bergdorf Pentáti (D 7).

Ágios Górdis

Dandidis: Am Strand südlich des Zentrums, 12 Zimmer und 2 Apartments, Tel. 26610-53 232, Fax 26610-53 183, www.dandidis.com, DZ im Mai ab ca. 45 €, im August ab ca. 50 €.
Die Österreicherin Brigitte und ihr Mann Alékos Dandídis betreiben eine Pension direkt am Strand, die viele Stammgäste hat. Die Zimmer fallen durch einige Details wie zum Beispiel Türstopper aus dem griechischen Rahmen. Auch Babybetten stehen zur Verfügung.

Theódoros: Die letzte Strandtaverne Richtung Süden, tgl. ab 10 Uhr, Hauptgerichte 5,50–9 €.
In der ältesten Taverne im Ort servieren die Brüder Fótis und Thássos viele griechische Spezialitäten, die ihre Schwester María in der Küche zubereitet.

Busverbindungen: Mo–Sa 6 x tgl. nach Kérkira, So 2 x (letzte Rückfahrt ca. 20 Uhr).

Ziele in der Umgebung

Sinarádes (D 8): Das Binnendorf mit 1120 Einwohnern lohnt wegen seines für Korfu einzigartigen Museums und seiner vom Tourismus unberührt gebliebenen Gassen einen kurzen Besuch. Um zum **Volkskundlichen Museum** zu gelangen, folgt man an der Hauptstraße dem Wegweiser gegenüber der Kirche (Mo–Sa 9–14 Uhr, Eintritt 1,50 €). Das Museum in einem tradi-

Ágios Ioánnis/Ágios Stéfanos Avliotón

tionellen Dorfhaus aus dem 19. Jh. zeigt, wie man vor über 150 Jahren auf Korfu lebte und arbeitete. Alle gezeigten Objekte sind ausgezeichnet auf Deutsch und Englisch erklärt, das Museumspersonal beantwortet gern ausführlich auf Englisch alle Fragen.

Ágios Ioánnis (D 5)

Das kleine Binnendorf westlich von Kérkira an der Straße nach Paleokastrítsa lohnt nicht nur wegen des modernen Spaßbads einen Stopp. Auch der alte Dorfkern oberhalb der Hauptstraße lohnt zumindest eine Kaffeepause.

Sehenswert
Destillerie Th. Vassilakis & Sons: An der Hauptstraße von Kérkira her kann am Ortseingang die Destillerie besichtigt werden, die den Koumquat-Likör und zahlreiche weitere Liköre produziert. Natürlich kann man sie auch verkosten und kaufen.

Sport & Strände
Aqualand Water Park: An der Hauptstraße in Richtung Paleokastrítsa, Mai–Sept. tgl. 10–18 Uhr, Eintritt vor 15 Uhr 22 €, danach 17 €, Kinder von 4 bis 12 Jahren und Senioren ab 65 Jahren 17 € bzw. 12 €.
Weitläufiges Spaßbad mit Liegewiesen, zahlreichen Riesenrutschen, mehreren Pools, Restaurant und mehr oder minder lauter Musikberieselung.

Marída: An der Platía im alten Ortsteil, ausgeschildert ab Hauptstraße, 13 Zimmer, Tel. 26610-52 410, kein Fax, DZ im Mai ab ca. 33 €, im August ab ca. 45 €.
Pension mit einfachen Zimmern in einem 1823 erbauten Landhaus am Rande eines uralten Olivenhains. Das Frühstück wird im Garten mit hohen Palmen serviert, die Lobby ist mit antiken Möbeln eingerichtet.

Stadtbus Nr. 8 von Kérkira Mo–Sa zwischen 6 und 22 Uhr 13 x tgl., So 6 x.

Ágios Stéfanos Avliotón (A 2)

Kleine Feriensiedlung an der Nordwestküste mit 3 km langem Sandstrand, an dessen nördlichem Abschnitt vor hoher Steilküste FKK üblich ist. Die Bucht wird insbesondere von Windsurfern geschätzt; ein Surfbrettverleih ist

Blick vom Jachthafen der Siedlung Ágios Stéfanos Siniés nach Albanien

jedoch nur in der Hauptsaison präsent, sonst muss man selbst eins mitbringen.

Einkaufen
Perdita Glass Art: Zentrumsnah an der Straße zum Hafen, Tel./Fax 26630-51 384, www.lichtquellen.com.
Die mit einem Korfioten verheiratete deutsche Glaskünstlerin Perdita Mouzakiti kreiert äußerst farbenfrohe Gebrauchsgegenstände und Kunstobjekte aus Dichroic-Glas, das mit einer hauchdünnen Metallschicht bedampft ist und daher so schön schillert.

Busverbindung mit Kérkira 7 x tgl.

Ziele in der Umgebung
Bootsausflüge: Im Hochsommer gelegentlich zu den Inseln Mathráki und Othoní.

Ágios Stéfanos Siniés (E/F 2)

Die winzig kleine Strandsiedlung mit nur zwanzig Einwohnern im Nordosten, vier Kilometer unterhalb der Küstenstraße, ist ein beliebter Ankerplatz für Jachten, die angenehm ruhige Atmosphäre schätzen. In der Hauptsaison werden am Ufer Motorboote für Selbstfahrer vermietet. Ein Besuch des Ortes lohnt auch, weil man hier Albanien näher ist als irgendwo sonst auf der Insel.

Eucalyptus: In der Nordwestecke der Bucht von Ágios Stéfanos, tgl. 12–17 und 19–24 Uhr, Hauptgerichte 9–16 €.
In der Taverne in einer alten Olivenpresse und unter deren weit vorgezogenem traditionellen Vordach servieren

Aríllas/Astrakerí

Jimmy und Nicole griechische und mediterrane Küche auf hohem Niveau.

Ziele in der Umgebung

Kerasiá Beach: Von Ágios Stéfanos aus führt die Asphaltstraße noch 1500 m weiter zur Bucht von Kerasiá mit einem 250 m langen Kieselsteinstrand. Es gibt ein paar Sonnenliegen und Tretboote sowie einen Strandkiosk und eine Taverne direkt am Wasser. Einige Villen im Hinterland sind fest in der Hand britischer Veranstalter und nur mit Glück vor Ort zu buchen. Von hier aus hat man einen schönen Blick hinüber nach Albanien und zur Villa von Kouloúra (s. S. 62).

Aríllas (A 2)

Die zu Magoulládes gehörende Siedlung mit knapp 100 Einwohnern liegt an einem 2,5 km langen Sandstrand. Der Bucht vorgelagert sind drei kleine, unbewohnte Felsinseln. Ein besonders einladendes Flair ist von hier nicht zu vermelden.

Feste & Unterhaltung
19./20. Juli: Kirchweihfest zu Ehren des Propheten Ilias in Kavvadádes mit Musik und Tanz.

Akti Arilla: An der Straße nach Magoulládes, 34 Zimmer, Tel. 26630-51 201 (im Winter 26630-512 31), Fax 26630-51 221, http://users.otenet.gr/~aktiarill, DZ im Mai ab ca. 30 €, im August ab ca. 35 €. Das älteste Hotel im Ort wird noch immer familiär geführt. Inhaber Stamátis Lefkimiátis betreibt im Winter eine Olivenpresse in Kavvadádes, die er seinen Gästen auch im Sommer gern zeigt und erklärt. In der Küche des Hotelrestaurants wird natürlich mit eigenem Öl gekocht.

Busverbindung: 2 x tgl. mit Afiónas und Kérkira, nur Halbtagesausflüge nach Kérkira möglich.

Astrakerí (B 1)

Astrakerí ist eine Oase der Ruhe zwischen Sidári und Róda. Die wenigen

Der Erde und dem Ich ganz nah

Arillás ist das esoterische Zentrum der Insel. Zwei deutsche Spezialveranstalter bieten hier Urlaubswochen und Seminare an.

Das **Aléxis Zorbás-Zentrum** in Arillas führt zahlreiche Kurse fürs Reisen ins eigene Ich durch. Angeboten werden Massagen, Meditatation, Yoga, Tantric Shiatsu, Tanz und vieles mehr. Die Teilnehmer wohnen in Studios und Apartments im Dorf, die Mahlzeiten werden zusammen im Zentrum eingenommen. Katalog von Zorbas Travel, Tölzerstr. 12, 82031 Grünwald, Tel. 089/29 16 06 80, Fax 29 16 07 54, www.zorbas-travel.de.

Der **Oúranos Club** liegt ganz in der Nähe zwischen Ágios Stéfanos und Aríllas. Das Konzept ist ähnlich, angeboten werden auch viele musische Aktivitäten wie Steinbildhauerei, Bodypainting und Seidenmalen. Anbieter ist Trans Inside Travel, Klaus-Honauer-Str. 1, Postfach 1631, 83512 Wasserburg am Inn, Tel. 080 71/27 81, Fax 58 24, www.ouranos.de.

Häuser stehen in ganz ländlicher Umgebung, am Strand liegen Fischerboote an einer kleinen Mole. Nach Sidári läuft man eine gute, nach Róda eine knappe Stunde fast immer am Strand entlang.

Gregóris/Gregory: Am Strand Richtung Sidári, Tel./Fax 26630-31 593, DZ Ü/F im Mai 35 €, im August ab ca. 40 €. Sechs ruhige Privatzimmer unmittelbar oberhalb des Strandes über der gleichnamigen Taverne.

Gregóris/Gregory: Adresse und Telefon wie Privatzimmer Gregóris. Lebende Languste ca. 60 €/kg, Portion Goldbrasse 12 €, andere Hauptgerichte ab 6,50 €, 1 l Hauswein 6 €.
Gregóris, der Vater des jungen Wirts Vassílis, fischt gelegentlich noch selbst. Man sitzt ganz ruhig abseits jeglichen Verkehrslärms auf einer luftigen, weinüberrankten Terrasse nahe dem Meer. Die Hummer und Langusten im Becken auf der Terrasse sind grundsätzlich von Gregóris und Vassílis selbst gefangen und daher relativ preiswert.

Barbáti (D 3)

Barbáti liegt am Hang des Pantokrátor. Seine Häuser und Hotels ziehen sich vom Wasser aus den Berg hinauf. Die Hauptstraße verläuft in etwa 20–50 m Höhe oberhalb des Strandes. Der ist über einen Kilometer lang, besteht aus großen, glatten Kieselsteinen und bietet auch Liegeplätze unter Bäumen. Das Wasser ist hier glasklar. Trotz vieler neu erbauter Siedlungen mit Ferienvillen ist am Strand meist noch relativ wenig los.

Übernachtungstipp für Familien

Besonders familienfreundlich und ausgesprochen preisgünstig sind die zehn modernen Apartments, die Marietta Reuthal und Geórgios Tsompanákis vermieten. Fliegengitter versperren Moskitos den Weg, an der Decke sind schon Haken für mitgebrachte Moskitonetze vorhanden. Alle Apartments haben Balkon oder Terrasse, einige sind auch zum Überwintern geeignet.
Athina Apartments: Arillás, nahe der Konditorei an der Straße nach Magouládes, ca. 400 m vom Meer, Tel. 26630-51 790, Fax 26630-52 030, www.arillas.com/athina, DZ im Mai ab 26 €, im August ab 36 €. Zimmerreinigung alle vier Tage.

Sport & Strände

Wassersport: Am Strand gibt es zahlreiche Wassersportangebote. Es werden auch führerscheinfreie Motorboote vermietet.

Pantokrator: Oberhalb der Hauptstraße, Tel. 26630-91 005, Fax 26630-91 004, www.pantokratorhotel.com, DZ mit Halbpension im Mai 33 €, im August ab 76 €.
Überwiegend von Briten frequentiertes Hotel. Hervorragend in die Landschaft eingepasst vor den schroffen Felswänden des Pantokrátoras-Massivs. Abends wird viel Unterhaltung nach britischem Geschmack geboten, darunter Bingo und Quiz. Die Hoteldisco ist in der Hauptsaison täglich geöffnet.

Benítses

Nautilus: Nahe der Hauptstraße Richtung Kérkira,
Tel. 26630-93 620,
Fax 26630-43 252,
www.ipsosbeach.com, DZ im Mai ca. 45 €, im August ca. 65 €.
Hotelanlage mit Pool, deren 64 Zimmer sich auf vier Gebäude verteilen. Etwa 800 m zum Strand und 1700 m zum Ortskern, 2 x tgl. Hotelbus zum Strand, Bushaltestelle vor dem Hotel.
La Serenissima: Oberhalb der Straße von Barbáti nach Kérkira, Tel./Fax 26610-93 922, www.residenzserenissima.de, DZ Ü/F 120 €.
Stilvoll eingerichtete Zimmer in einem modernisierten venezianischen Herrenhaus 100 m über dem Meer, mit Pool und Panoramablick. Deutsche Leitung, Halb- und Vollpension nach Absprache möglich.

Busverbindung mit Kérkira Mo–Sa 8 x tgl., So 3 x, nach Kassiópi Mo–Sa 6 x tgl., So 1 x.

Benítses (E 6)

Benítses (800 Ew.) platzt im Hochsommer aus allen Nähten. Im Ortszentrum werden zahllose Privatzimmer und Studios vermietet, am Ortsrand stehen auch kleinere und größere Hotels. Der schmale Strand reicht für all die Gäste nicht aus. Jets im Landeanflug mischen sich in die Musikklänge zahlreicher Bars und Restaurants – Benítses ist kein Urlaubsort für Ruhesuchende. Auch als Ausflugsziel lohnt es nur bedingt einen Stopp. Der kleine historische Ortskern (Wegweiser ›Old Village‹ von der Platía an der Küstenstraße folgen) ist nur am frühen Morgen noch halbwegs romantisch; Fischhändler verkaufen dann an der Mole die Fänge der Nacht.

Sehenswert
Römische Thermen: Vom stadtnahen Teil der Platía an der Küstenstraße (Parkplatz) als ›Roman Baths‹ ausgeschildert.
Von dem einst zu einer römischen Villa gehörenden Privatbad aus dem 2. Jh. n. Chr. sind nur noch drei Räume mit bis zu 4 m hohen Außenmauern erhalten. Der Raum mit den vier runden und zwei geraden Stufen sowie einem 8 m hohen Gewölbe war das Schwimmbecken. Der Raum mit der Apsis östlich davon ist mit einem geometrischen Fußbodenmosaik geschmückt, das zum Schutz allerdings abgedeckt wurde.

Feste & Unterhaltung
5./6. August: Kirchweih im Kloster Pantokrátoras (S. 51). Ab etwa 17 Uhr am 5. August zieht man zum Kloster hinauf, wo nach dem Gottesdienst die ganze Nacht hindurch gefeiert wird.
22./23. August: Kirchweih im Dorf Agíi Déka (s. u.). Am Abend des 22. August Prozession, am 23. August großes Fest mit Musik, Tanz und Lämmern am Spieß.

Stadtbus Nr. 6 von und nach Kérkira zwischen 6.45 und 22 Uhr etwa 13 x tgl. Außerdem halten hier die Busse in den Inselsüden.

Ziele in der Umgebung
Agíi Déka (E 6): Hoch oberhalb von Benítses liegt das von Urlaubern nur selten besuchte Dorf an der landschaftlich schönsten Strecke zwischen Kérkira und dem Inselsüden. Im Zentrum des Ortes, der nur 250 Einwohner zählt, lädt ein einfaches Kafenío unterhalb der Kirche an der Durchgangsstraße zu einer Rast unter Einheimischen ein; unmittelbar nebenan wird das Brot noch im Holzbackofen gebacken. Fährt

man aus dem Dorf in Richtung Inselsüden weiter, liegt links von der Straße die sehr einfache **Taverne Paradise** (tgl. ab 10 Uhr, Lammkoteletts 6 €, Tresterschnaps 0,75 €) mit einer schönen Panorama-Terrasse. Im Sommer serviert man hier nur Salate, Koteletts, Omelettes und Grillgerichte, im Winterhalbjahr an Wochenenden auch die Ziegenfleischsuppe *gída*, Schweinefüße *(pódi)* und die Kuttelsuppe *patsá*.

Kloster Pantokrátoras (D 6): Am letzten Haus von Agía Déka in Richtung Messongí weist ein Wegweiser auf eine weitgehend holprig zementierte, einspurige Straße, die 3,5 km weit zum Pantokrátoras-Kloster hinaufführt. Es liegt in einer grünen Talmulde dicht unter dem Berggipfel inmitten üppiger Obst- und Nussbaumgärten. Kirche und Bauten sind belanglos, Atmosphäre und Fernblick von der benachbarten Ilías-Kapelle aber einzigartig. Das Kloster steht leer, die Kirche ist jedoch ständig geöffnet.

Highlight 2

Dafníla (D 4)

Im Band der Touristenzentren zwischen Kontokáli und Ípsos wirkt das auf der Komméno-Halbinsel gelegene Dafníla (250 Ew.) wie eine Oase. Die Hotels hier sind besser in die hügelige, dicht mit Olivenbäumen bestandene Landschaft eingepasst, eine laute Restaurant- und Geschäftsmeile fehlt. Es bleibt noch viel Raum für Spaziergänge durch schöne Natur.

Sehenswert

Ipapánti-Kirche: Weitaus idyllischer als das viel bekanntere Vlachérna-Kloster vor Kanóni steht die weiße Ipapánti-Kirche auf einem kleinen Inselchen vor dem Südufer der Komméno-Halbinsel. Ein kurzer Damm führt hinüber auf das von Sitzbänken, Mittagsblumen, Palmen, Agaven und Kakteen umgebene Gotteshaus aus dem Jahr 1713. Steht man vor der Kirche, fühlt man sich wie auf einem großen, ringsum von üppigem Grün umgebenen Binnensee. Großhotels sind ebenso wenig zu sehen wie das offene Meer. Die drei Ikonen an den Türen der Ikonostase sind etwa 280 Jahre alt, die übrigen neue Werke von Nonnen aus einem Kloster auf dem Peloponnes. Die Liturgie wird in dieser Kirche noch etwa einmal monatlich gefeiert.

Sport & Strände

Daphnila Tennis Club: Beim Grecotel Daphnila Bay, Tel. 26610-90 570, Fax 26610-91 026 Die Tennisanlage ist ganzjährig geöffnet und wird auch viel von Einheimischen frequentiert. Die acht Plätze, alle mit Flutlicht ausgestattet, stehen jedermann gegen Gebühr offen. Die Ausrüstung kann geliehen, Unterricht kann gebucht werden.

Fitness & Health Club: Im Grecotel Corfu Imperial, Tel. 26610-90 570. Der Fitness Club steht jedermann offen. Er bietet neben einem kleinen Hallenbad auch eine Sauna und ein Türkisches Dampfbad, dazu Massagen, Fitness-Geräte und Wassergymnastik.

Sailing & Surfing Daphnila: Am Strand vorm Grecotel Daphnila Bay, Tel. 26610-90 320, Fax 26610-97 721.

Trailriders: Beim Dorf Ano Korakiána (C 3), Tel. 26630-23 090 und 26610-97 597.

Die Britin Sally und die Deutsche Suzanna, die schon seit über 10 Jahren auf Korfu leben, halten ein paar Pferde, mit

Dassiá

denen sie etwa zweistündige geführte Ausritte anbieten. Erfahrene Reiter können auch ganztägige Ausritte buchen.

Feste & Unterhaltung
2. Februar und 17. Juli: Kirchweihfest an der Ipapánti-Kirche mit gemeinsamem Essen und Trinken nach dem morgendlichen Gottesdienst.

Neféli: Komméno-Halbinsel, Tel. 26610-91033, Fax 26610-90290, www.hotelnefeli.com
DZ im Mai 48 €, im August 89 €.
Von den deutsch-griechischen Inhabern familiär geführtes, stilvolles Hotel in einem blütenreichen Garten mit Pool auf einem 800 m vom Strand und der nächsten Bushaltestelle entfernten Hügel. Die geräumigen 45 Zimmer sind auf drei villenartige Gebäude verteilt; einige Zimmer sind Themen-Zimmer, die z. B. Bezug auf Kaiserin Sissi oder die venezianische Epoche nehmen. Die Sporteinrichtungen des nahen Grecotels Daphnila Bay können benutzt werden. Zum Hotel gehört auch ein gutes Restaurant.

Grecotel Daphnila Bay Thalasso: Komméno-Halbinsel, 260 Zimmer, Tel. 26610-91520, Fax 26610-91026, www.grecotel.gr, DZ Ü/F im Mai ab ca. 130 €, im August ab ca. 200 €.
Die ehedem als ›Robinson Club‹ konzipierte Ferienanlage oberhalb eines großen Sandstrands liegt inmitten alten Baumbestands. Zum großen Sportangebot gehört auch eine Tauchschule unter deutscher Leitung.

Grecotel Corfu Imperial: Am Fuß der Komméno-Halbinsel auf einer Landzunge Richtung Dassiá, 308 Zimmer, Tel. 26610-91481, Fax 26610-41278, www.grecotel.gr, DZ Ü/F im Mai ab ca. 190 €, im August ab ca. 250 €.

Umweltfreundliches Luxushotel in einer weitläufigen Gartenanlage oberhalb dreier kleiner Sandbuchten. Natürlich alle Annehmlichkeiten seiner Klasse, dazu aber auch Griechisch-, Koch- und Tanzkurse sowie Weinseminare für Gäste. Und ein gut ausgestattes Fitness-Center (s. S. 51).

Panorama: Nahe den Hotels Daphnila Bay und Nepheli, Hauptgerichte 7–16 €.
Taverne mit sehr schöner Aussichtsterrasse. Eine korfiotische Spezialität des Hauses ist Kókaras Pastitsáda (Hähnchenfleisch mit Pasta).

Stadtbus Nr. 7 von der bis 900 m von den Hotels entfernten Hauptstraße aus nach Kérkira und Dassiá Mo–Sa 7–22 Uhr halbstündlich, So stündlich.

Dassiá (D 4)

Dassiá ist der bedeutendste Touristenort der Insel, obwohl es nur einen relativ schmalen, wenn auch langen Sand-Kiesstrand besitzt. Die meisten Bars, Tavernen und Geschäfte liegen an der Schnellstraße, weitere Tavernen und Beach Bars findet man am Strand, zu dem von der Schnellstraße aus verschiedene Stichstraßen hinunterführen. Zwei Großhotels und einige kleinere Hotels liegen unmittelbar am Meer, sodass hier von Einsamkeit keine Rede sein kann – doch entsprechend vielfältig ist das Angebot der Wassersportarten von Parasailing bis Jet-Ski-Verleih.

Sport & Strände
Ágios Nikólaos Beach: Unterhalb der gleichnamigen Kirche. Am dem nur etwa 300 m langen Sand-Kiesstrand

Dassiá

badet man ruhiger und idyllischer als am Hauptstrand.

The Mountain Bike Shop: An der Hauptstraße Richtung Ípsos, ca. 180 m hinterm Großhotel Dassia Chandris, Tel. 26610-93 344 u. 26610-97 609, Fax 26610-46 100, www.mountainbikecorfu.gr, Zweigbüros im Grecotel Daphnila Bay in Dafníla (s. S. 52) und im Hotel Kontokáli Bay (s. S. 80).

Die bereits 1993 gegründete griechisch-niederländische Firma bietet auch geführte Mountainbike-Touren an. Man fährt zwischen 33 und 60 km; Asphaltstraßen werden fast völlig gemieden. Kinder können ab neun Jahren teilnehmen. Zu mieten sind vier Typen der Marke Giant MTB; bei einer Mietdauer ab 3 Tagen ist die Übernahme am Flughafen möglich.

Ausgehen

Tartaya Garden Bar: An der Hauptstraße, tgl. ab 18 Uhr.

Effektvolle Beleuchtung unter Palmen, jede Ecke anders möbliert, gute Spiegeleffekte.

Elea Beach: Am Strand, 211 Zimmer, Tel. 26610-93 490, Fax 26610-93 494, www.eleabeach.com, DZ im Mai ab ca. 90 €, im August ab ca. 140 €.

Das viergeschossige Mittelklassehotel mit Pool liegt sehr ruhig an einem flach abfallenden Kiesstrand. ›All-inclusive‹-Buchung möglich. Für Rollstuhlfahrer geeignet, Hunde willkommen.

Camping:

Kardacamp: An der Uferstraße, Tel. 26610-93 587, www.kardacamp.gr.

Dassia Beach: Am Strand unmittelbar nördlich des Chandris Hotels, Tel. 26610-93 224, tgl. ab 9 Uhr, Hauptgerichte 6–10 €.

Großes Terrassenrestaurant unter dichtem Blätterdach vor dem gleichnamigen Hotel. Große Auswahl an klassischer Tavernenkost, exzellenter Service.

Etrusco: Nach 500 m an der Straße von Dassiá nach Káto Korakiána (Wegweiser an der Hauptstraße schräg gegenüber der EKO-Tankstelle), Tel. 26610-93 342, Tischreservierung empfehlenswert, tgl. ab 20 Uhr, Hauptgerichte 15–30 €.

Seit seiner Gründung 1992 eines der besten Restaurants der Insel mit feiner mediterraner und internationaler Küche. Zu den Spezialitäten gehören selbst geräucherter oder marinierter Fisch, Carpaccio mit echten Trüffeln,

The Drunken Duck

Wer abends mal in ausgelassener Stimmung in einer kleinen Taverne griechisch feiern will, ist in der ›Betrunkenen Ente‹ von Anna Chandrinoú gut aufgehoben. Sie betreibt die einzige Bar im Ort, in der fast nur griechische Musik zu hören ist, wie man sie auch vom Griechen zu Hause her kennt. Sie tanzt selbst viel vor und bringt ihren zumeist nicht mehr ganz jungen Gästen mit Vergnügen sehr stark vereinfachte griechische Tanzschritte bei.

Gute Stimmung herrscht auch, weil die Preise günstig sind und Erdnüsse sogar unbegrenzt kostenlos auf den Tisch gestellt werden.

The Drunken Duck: Dassiá, an der Hauptstraße gegenüber dem Hotel Corfu Chandris, tgl. ab 20 Uhr.

Dassiá

Thunfisch-Parfait in Rotweinsauce. Große Auswahl an edlen griechischen, italienischen und französischen Weinen.
Karída: An der Hauptstraße, tgl. ab 18.30 Uhr, Hauptgerichte 6–12 €. Taverne mit Gartenplätzen unterm Walnussbaum. Korfiotische Spezialitäten wie Sofríto und Pastitsáda, leckere Lamm- und Zickleingerichte im Tontopf.

Stadtbus Nr. 7 nach Kérkira Mo–Sa von 7.30–23 Uhr halbstdl., So stdl.

Ziele in der Umgebung

Ágios Márkos (D 3): Das kleine, teilweise verlassene Binnendorf besitzt zwei bedeutende byzantinische Kirchen, die leider meist verschlossen sind. Ihrer landschaftlichen Lage wegen lohnt sich ein Besuch für große Liebhaber byzantinischer Architektur aber dennoch. Um zur Kirche **Ágios Merkoúrios** zu kommen, folgt man im Küstenort Ípsos gleich südlich vom ›Paradise Camping‹ dem Wegweiser mit dem roten Kreuz. Nach knapp 1,5 km weist ein Schild zur Kirche. Die kleine, zwischen Ölbäumen versteckte Einraumkapelle fasziniert durch ihre romantisch wirkende Einfachheit. Mit einer starken Taschenlampe ist auch ein Blick in den verschlossenen Innenraum möglich, bei dem man einen Teil des Freskenschmucks entdeckt. Er stammt teils noch von 1074/75, teils aus dem 14. Jh.

Zur Kirche **Pantokrátoras** direkt im Dorf Ágios Márkos zeigt ein Wegweiser

Érmones

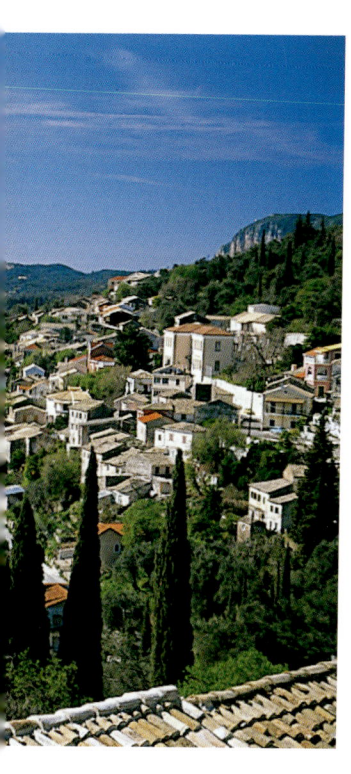

Korfus Landschaft erinnert an Italien – wie hier beim Bergort Ágios Márkos

dings eine besuchenswerte Taverne: **Le Grand Balcon** (tgl. ab 12 Uhr, Hauptgerichte 6,50–12 €). Von ihrer Terrasse aus bietet sich ein Panorama-Blick auf die Buchten zwischen Ípsos und Kérkira. Geboten wird zudem exzellente griechische Küche, darunter viele nordgriechische Spezialitäten.

Érmones (C 5)

Am Strand von Érmones fand Nausikaa, die Tochter des Phäakenkönigs Alkinoos, den schlafenden Odysseus. Damit war er nach zehn Jahren Irrfahrt schon fast am Ziel seiner Reise angelangt. Nausikaa nahm ihn mit an den Königshof, wo er von seinen Abenteuern berichtete. Drei Tage später stellte Alkinoos ihm ein Schiff zur Verfügung, das ihn auf seine Heimatinsel Ithaka brachte. Érmones ist in Homers ›Odyssee‹ zwar nicht namentlich erwähnt, aber die örtliche Legende verlagert das Geschehen werbewirksam hierher.

Heute könnte Odysseus vom Strand aus gleich mit einer Standseilbahn in eine All-inclusive-Anlage fahren. Romantisch ist der nur 200 m lange, mit Kies vermischte Grobsandstrand schon lange nicht mehr: Im Tal dahinter und an dessen Hängen drängen sich Pensionen und Hotels. Als Standort für sportliche Urlauber bietet Érmones aber einige Vorzüge.

Sport & Strände

Corfu Golf: Ropa Valley, 1500 m oberhalb von Érmones, ganzjährig geöffnet, Tel. 26610-94 220, Fax 26610-94 221, www.corfugolfclub.com.

550 m nach dem unteren Ortsschild. Die Christus als Allesbeherrscher geweihte Kirche aus dem 16. Jh. birgt Fresken aus dem Jahr 1577 und aus dem 17./18. Jh. in ihrem Vorraum. Meist ist sie verschlossen; bei starkem Interesse kann man im Kafenío an der Dorfstraße nach dem Priester fragen, der sie eventuell aufschließt.

Ípsos (D 3): Der 825 Einwohner zählende Ort Ípsos und das mit ihm zusammengewachsene Dorf Pirgí (80 Ew.) liegen am unansehnlichsten Strand der Insel. Er besteht aus Sand, Kies und Kieselsteinen, ist nur etwa 2–4 m breit und verläuft unmittelbar unterhalb der viel befahrenen Küstenstraße. Außerhalb von Ípsos liegt in Áno Pírgos oberhalb der Straße von Ípsos nach Barbáti aller-

Gardíki

Der einzige Golfplatz der Ionischen Inseln liegt im grünen Rópa-Tal und wirkt sehr gepflegt. Die 18 Löcher sind auf einer Länge von 6221 m verteilt. Pro-Shop und Trainer sind vorhanden; vor dem Clubhaus mit Bar und Restaurant liegt ein Putting Green.
Achilleon Diving Center: Am Strand Tel. 26610-95 350, Mob. 6932-72 9011, www.achilleondivingcenter.gr. Schnuppertauchen, Tauchschule, Wracktauchen usw.
Wassersport: Gut ausgestattete Station am Strand.

Ermones Beach Holiday Resort: 272 Zimmer, Tel. 26610-94 241, Fax 26610-94 248, www.sunmarotel.com, DZ im Mai all-inclusive 100 €, im August 150–192 €.
Auf zehn am Hang übereinander gestaffelte Häuserreihen verteiltes, bereits 1973 erbautes All-inclusive-Großhotel. Eine Standseilbahn verbindet die einzelnen Terrassen miteinander. Kostenloser Hotelbusservice zum Golfplatz und nach Kérkira mehrmals täglich. Großes Sportangebot inkl. Bogenschießen, Mountainbiking und Tischtennis.

Gardíki (D 8)

Gardíki ist der Name einer Festungsruine auf dem Gemeindegebiet von Ágios Matthéos, in deren näherer Umgebung auch ein paar Häuser, darunter eine Weinkellerei und eine Taverne, stehen.

Sehenswert
Burgruine Gardíki: Tagsüber frei zugänglich, Eintritt frei.
Die achteckige Burg wurde im 13. Jh. von einem byzantinischen Lokalfürsten, dem Despoten Michail II. Angelo von Epiros, errichtet. Die Mauern und die

Taverne Trípa in Kinopiástes

Das kleine Dorf Kinopiástes bei Gastoúri hat schon viel Prominenz gesehen. Der 1998 verstorbene griechische Staatsmann Konstantin Karamanlís und der französische Präsident François Mitterrand waren hier zu Gast, Sorbas-Darsteller Anthony Quinn, Aristotelis Onassis und Melina Mercouri. Sie alle kamen nur aus einem Grund: die Taverne Trípa und ihren Wirt Spíros Anifántis zu besuchen, der landläufig nur Mister Trípa genannt wird. Er war ursprünglich Gemischtwarenhändler im Dorf. Als Kinopiástes kurz nach dem Krieg elektrifiziert wurde, bewirtete er die Arbeiter der Elektrizitätsgesellschaft in seinem Laden. Sein Essen war so gut, dass sie später wiederkamen und auch Freunde und Verwandte mitbrachten. So kam Spíros auf die Idee, eine Taverne zu eröffnen. Inzwischen ist sie mehrfach erweitert worden und bietet jetzt auch regelmäßig griechische Abende mit Folklore und sogar Bauchtanz an. Die alten, verstaubten Flaschenregale und die Würste, Zierkürbisse und Knoblauchknollen unter der Decke erinnern an eine spanische Bodega. Die Vorspeisen, der Lammbraten vom Spieß und die Desserts genießen weithin einen exzellenten Ruf.
Taverne Trípa: Kinopiástes, an der Dorfstraße, ca. 40 m vor dem Dorfplatz, Tel. 26610-56 333, www.tripas.gr, Reservierung empfehlenswert. Menü inklusive Wein und Show ca. 45 €.

Gastoúri

acht Türme sind noch gut erhalten. Nach typisch byzantinischer Manier sind die Türme durch eingearbeitete Bänder aus Ziegelsteinen und Bruchstücke antiker Bauten geschmückt.

Kapelle Agía Marína: 200 m nördlich der Straßengabelung, an der man nach Gardíki abbiegt.

Die meist verschlossene Kapelle aus dem 16. Jh. birgt noch einige Fresken aus dieser Zeit.

Weinkellerei Livadiótis:
An der Straße von der Burg zum See, tgl. 10–14 Uhr.

Kleine private Weinkellerei, deren Weine nur aus korfiotischen Trauben hergestellt werden. Man produziert etwa 20 000 Flaschen jährlich.

Sport & Strände

Chalikoúnas Beach: Schmaler Dünenstreifen zwischen dem Korissión-See und dem offenen Meer, der touristisch noch völlig unerschlossen ist, obwohl man ihn auf einem Feldweg problemlos anfahren kann. Hier findet jeder noch ein Plätzchen, um sich wie Adam und Eva zu sonnen (s. S. 31).

Feste & Unterhaltung

Vorletztes Juli-Wochenende: 3 Tage mit Theater und Konzerten in der Burg Gardíki.

Marin-Christel: Abseits der Straße von Gardíki zum Korissión-See, Wegweiser an der Straße, 7 Apts., Tel. 26610-75 947 oder in Deutschland Tel. 07 11/60 07 33, Fax 60 04 41, DZ im Mai ab ca. 20 €, im August ab ca. 40 €.

Der in Stuttgart praktizierende Arzt Dr. Mémos hat die kleine Apartmentanlage weitab jeden Dorfes erbaut; seine Eltern kümmern sich vor Ort darum. Hier wohnt man absolut ruhig, zwei Tavernen sind in 2 bzw. 5 Gehminuten zu erreichen. Zum langen Sandstrand zwischen Korissión-See und Meer läuft man 10 Min.

Alonáki: Am Alonáki Beach, 15 Zimmer und Apts., Tel. 26610-75 872, im Winter 26610-76 119, Fax 26610-76 118, DZ im Mai ab ca. 40 €, im August ab ca. 43 €.

Sehr familiär geführte Pension mit Taverne in einem blütenreichen Garten oberhalb eines kleinen Bootshafens nördlich des Korissión-Sees. Die Wirtin hat einige Jahre in Rheinland-Pfalz gelebt und spricht gut Deutsch.

Gardíki und der **Korissión-See** sind nur mit eigenem Fahrzeug zu erreichen.

Ziele in der Umgebung

Korissión-See (E 8): Der flache, einst sehr fischreiche See erstreckt sich 5 km lang und 1 km breit parallel zum Meer, von dem ihn nur ein schmaler Dünenstreifen trennt. Im Winter ist er mit seinen Feuchtwiesen und Schilfgürteln ein beliebter Rast- und Überwinterungsplatz für zahlreiche Sing- und Wasservögel.

Gastoúri (E 6)

Gastoúri (950 Ew.) ist eines der schönsten und am ursprünglichsten gebliebenen Binnendörfer der Insel und noch dazu bequem mit dem Linienbus zu erreichen. Vom kulturellen Engagement der Dorfbevölkerung zeugt das schon im 19. Jh. begründete Philharmonische Orchester des Dorfes. Gastoúri liegt nah beim Achíllion, sodass es häufig von Kaiserin Elisabeth und Kaiser Wilhelm II. auf Spaziergängen besucht wurde (s. Tour 2, S. 110).

Gastoúri

Sehenswert

Elisabeth-Brunnen: Folgt man in Gastoúri an der Hauptstraße dem Wegweiser nach Plátanos und bleibt auf der Fahrstraße, kommt man nach 700 m durch ein Tal zum Brunnen, vor dem eine alte Platane steht. Der kleine weiße Kuppelbau mit zwei Eisengittern war ein Geschenk der österreichischen Kaiserin an die Dorfbevölkerung von Gastoúri.

Französischer Soldatenfriedhof: Im Zentrum von Gastoúri geht es links nach Pérama und zum ›French Cemetery‹ (s. Tour 2, S. 110). Zwischen Zypressen, Ölbäumen und Oleander haben hier etwa 130 französische Soldaten im Ersten Weltkrieg ihre letzte Ruhestätte gefunden. Ein Unterschied gegenüber deutschen Soldatenfriedhöfen fällt ins Auge: Die Toten brauchen keinen Dienstgrad mehr zu tragen.

Highlight 3

Achíllion: Mai–Okt. tgl. 8–19 Uhr, sonst Di–So 8.30–15 Uhr, Eintritt 7 €. Das äußerst gepflegt erscheinende Schloss in einem prächtigen Park hoch oberhalb der Ostküste ist der Stein gewordene Traum zweier vom Charakter her ganz unterschiedlicher Deutscher: der Wittelsbacherin Elisabeth, bekannt geworden durch die Sissi-Filme mit Romy Schneider in der Hauptrolle, und des Hohenzollern Wilhelm II., der bis 1918 deutscher Kaiser war.

Elisabeth hatte Korfu erstmals 1861 und dann wieder 1877 besucht. Aber erst im Herbst 1888 beschloss sie, die Villa eines korfiotischen Diplomaten zu kaufen und auf dem Gelände ein Sommerschloss im pompejanischen Stil errichten zu lassen. Nach ihrer Ermordung in Genf 1898 stand das Achíllion bis 1907 leer. Dann kaufte es der deutsche Kaiser, der Korfu 1889 erstmals besucht hatte. Von 1908 bis 1914 verbrachte er fünfmal seinen Urlaub hier.

Das schönste am Achíllion ist heute der mit vielen Statuen geschmückte Park, der allerdings nur teilweise zugänglich ist. Die Großbronze des ›Sterbenden Achill‹ gab Elisabeth in Auftrag, den monumentalen ›Siegreichen Achill‹ ließ der Preuße aufstellen. Im Inneren des Schlosses sind die Wand- und Deckenmalereien im Großen Treppenhaus besonders bemerkenswert. In einigen Räumen des Erdgeschosses stehen noch Originalmöbel der beiden Majestäten; einige Vitrinen enthalten persönliches Eigentum der beiden sowie historische Dokumente.

Einkaufen

Vassiládes: Gegenüber dem Eingang zum Achíllion, tgl. 8–18 Uhr. Verkaufsstelle und Probierstube für Weine und Liköre der Insel, darunter der einzigartige Koumquat-Likör aus Bitterorangen.

Ausgehen

O Póntis: An der Straße von Kérkira nach Miliá direkt an der Abzweigung der Straße nach Gastoúri, Tel. 26610-56 201, Hauptgerichte 5–10 €. Grilltaverne mit Plätzen drinnen und draußen, in der regelmäßig zu Gitarrenmusik traditionelle korfiotische Kantádes (Volkslieder) gesungen werden. Besser ruft man aber vorher an und fragt, ob es am gewünschten Abend Musik gibt!

Feste & Unterhaltung

6. Januar: Dorffest am Brunnen der Kaiserin Elisabeth.

22./23. August: Kirchweihfest mit Musik und Tanz.

Gastoúri

Stilvoll: das Achíllion in Gastoúri, Sissis Feriendomizil auf Korfu

Níki: Zwischen Gastoúri und der Küste, Tel. 26610-72006 und 26610-38754, www.corfu-apartments.info, DZ im Mai ca. 35 €, im August ca. 50 €.
Neueres, im typischen Inselstil erbautes Haus mit 12 Apartments am Rand des Schlossparks mit einem Pool und einem Restaurant, lediglich 350 m vom Meer entfernt.

Stadtbus Nr. 10 ab Kérkira, Montag bis Samstag 6 x täglich, Sonntag 9–20 Uhr 4 x täglich; in der Hauptsaison häufiger.

Gouviá/Kalámi

Gouviá (D 4)

Die völlig windgeschützte Bucht von Gouviá (950 Ew.) hat den Ort zum Zentrum der Wassersportler auf Korfu gemacht, der zusätzlich noch durch eine moderne, große Marina für Segel- und Motor-Jachten aufgewertet wird. Entlang der Dorfstraße gibt es zahlreiche Geschäfte, Restaurants, Bars und Discos. So ist Gouviá ideal für den, der einen stadtnahen, pauschal gebuchten Badeurlaub mit sportlichen Aktivitäten und Nachtleben kombinieren will.

Sehenswert
Venezianische Schiffshallen: Mehrfach machen Wegweiser entlang der Dorfstraße auf den ›Venetian Shipyard‹ aufmerksam, den man aber auch in zwei Minuten zu Fuß vom Hauptstrand aus erreicht. Von der Konstruktion aus dem 18. Jh. sind noch 15 gemauerte Bögen und das Eingangsportal von 1778 erhalten. Hier wurden venezianische Schiffe gebaut, repariert und den Winter über gelagert.

Einkaufen
Vassilákis: An der Schnellstraße, tgl. 9–22 Uhr.
Große Filiale einer korfiotischen Weinkellerei und Destille, in der man die flüssigen Inselspezialitäten nicht nur kaufen, sondern auch verkosten kann.

Ausgehen
Adonis Club: Im südlichen Ortsbereich an der Dorfstraße. Keller-Disco, hauptsächlich Mainstream.

Louis Corcyra Beach: Am Strand, 252 Zimmer, Tel. 26610-90 196, Fax 26610-91 591, www.louishotels.com, DZ mit Halbpension im Mai ab ca. 130 €, im August ab ca. 190 €.
Schon 1963 erbautes, kürzlich renoviertes Großhotel in einer weitläufigen Gartenanlage direkt am Strand mit Süßwasserpool, Tennisplätzen, Squash Court und großem Wassersportzentrum. Miniclub für 3–8-Jährige mit deutschsprachiger Betreuung.

Górgona/The Mermaid: Im nördlichen Ortsbereich an der Dorfstraße, tgl. ab 18 Uhr, Hauptgerichte 6,50–15 €.
Fischrestaurant mit dänischer Inhaberin, das als Spezialität auch die *kydónia* genannten Teppichmuscheln anbietet, die ebenso wie Austern lebend gegessen werden.

Poco Loco: Im südlichen Ortsbereich an der Dorfstraße, tgl. ab 18 Uhr, Hauptgerichte 6–12 €
Tex-Mex-Restaurant, das auch Straußenfleisch auf der Karte hat; täglich 18–20 Uhr ›Spare ribs‹ satt zum Festpreis.

Vérgina: Im südlichen Ortsbereich an der Dorfstraße, tgl. ab 9 Uhr, moderat.
Große Auswahl schon vom Frühstück an. Alle Gerichte für Kinder auch als halbe Portionen zum halben Preis.

Stadtbus Nr. 7 ab Kérkyra, Mo–Sa von 7–22 Uhr halbstdl., So stdl.

Kalámi (E 2)

Der winzige Ort (25 Ew.) an einem etwa 250 m langen Kieselsteinstrand wird überwiegend von britischen Urlaubern besucht, die hier vor allem in einer großen Clubanlage und in vielen Ferienhäusern am Berghang wohnen. Dennoch ist der Ort noch sehr ruhig und beschaulich.

Kalámi

Korfus Bilderbuchbucht Kouloúra nahe Kalámi

Sehenswert
The White House: Das große weiße Haus am Strand, das heute Taverne und fest von britischen Reiseveranstaltern angemietete Pension ist, war das Wohnhaus der Durrells (s. S. 62).

Sport & Strände
Wasserski: Der Korfiote Harry Katsaros und seine britische Frau Louise Dowswell betreiben am Strand von Kalámi eine Wasserski-Schule und vermieten führerscheinfreie Motorboote. Tel. 26630-91 062.

Villa Matella: Tel. 26630-91 371, im Winter 210-984 11 88, kein Fax, DZ im Mai ab ca. 35 €, im August ab ca. 50 €.
Pension mit 6 Zimmern und 2 Studios in einem ca. 160 Jahre alten Bauernhaus. Gästen stehen ein Wohnzimmer mit offenem Kamin und zwei Gärten mit altem Ziehbrunnen zur Verfügung.
Nikolas: An der Dorfstraße, Buchung über das Reisebüro Kalami Tours schräg gegenüber,
Tel. 26630-91 062, Fax 26630-91 369, Apt. im Mai ab ca. 50 €,

Kassiópi

Reiselektüre: In Kalámi Durrell lesen

Als er ein junger Mann war, lebte der später berühmt gewordene englische Dichter und Romancier Lawrence Durrell mit Mutter und Geschwistern in den 1930ern für einige Jahre auf Korfu. Sie hatten das große weiße Haus am Strand gemietet, in dem heute die Taverne und die fest von britischen Reiseveranstaltern angemietete Pension White House angesiedelt sind. Die Terrasse der Taverne oder auch das Ufer davor sind ein idealer Platz, um Durrells Korfu-Klassiker ›Schwarze Oliven‹ zu lesen, der in deutscher Übersetzung auch auf Korfu erhältlich ist. Wer es lieber humorvoll mag, bringt sich schon von zu Hause ein Buch seines Bruders Gerald Durrell mit. In ›Meine Familie und anderes Getier‹ beschreibt er nicht nur Korfu und seine Fauna, sondern liebevoll und bissig zugleich seine Mutter, seine Schwester und seinen so berühmt gewordenen Bruder.

im August ab ca. 75 €.
7 Apartments mit je 4–5 Betten in zwei benachbarten Häusern, hinter denen Oliven- und Zitronenbäume wachsen. Zum Strand geht man 30 m.

Bootsverbindung: Mehrmals tgl. mit Agní und Nissáki von Ende Mai bis September.

Highlight 4

Ziele in der Umgebung

Kouloúra (E 2): Die gleiche Straße, die nach Kalámi führt, führt auch zum kleinen Bilderbuchhafen, zur Villa und zur Taverne von Kouloúra. Da dort unten kaum Parkmöglichkeiten bestehen und das Wenden mühsam ist, lässt man sein Auto besser an der Gabelung stehen, an der es rechts nach Kalámi und links nach Kouloúra geht, und läuft die restlichen 300 m zu Fuß. Die Villa von Kouloúra, seit 1986 im Besitz einer italienischen Familie, war ursprünglich als befestigter Landsitz im frühen 16. Jh. erbaut worden. Der Zutritt ist verboten, doch lohnt schon die kleine Hafentaverne einen Ausflug.

Kassiópi (E 1)

Kassiópi (1100 Ew.) liegt an zwei Buchten, die durch eine kleine Halbinsel voneinander getrennt werden. Tagsüber stehen hier immer zahlreiche Ausflugsbusse, abends ist der Ort fest in der Hand britischer Urlauber. Schon in der römischen Antike sah Kassiópi viele Fremde: Hier machten die Seefahrer Station, bevor sie zur Fahrt nach Italien aufbrachen oder wenn sie sie gerade hinter sich hatten. Zudem stand hier ein Zeus-Tempel, in dem man um eine sichere Überfahrt bitten konnte. So waren hier bezeugtermaßen auch Cäsar und Cicero, der Historiker Plinius sowie die Kaiser Nero und Tiberius Gäste.

Sehenswert

Burgruine: Unmittelbar gegenüber dem oberen Eingang zur Kirche führt von der Hauptstraße die Gasse Odós Chirática an Hühnerställen und Brennholzstapeln vorbei zum Doppeltor der mittelalterlichen Burg, die die Venezianer nach 1386 auf den Ruinen eines von ihnen zerstörten Vorläuferbaus errichteten. An den Mauern ranken sich Kapernzweige empor, im Innern ist die weitläufige Anlage prächtig verwildert.

Kassiópi

Baumwurzeln und -stämme haben die Gemäuer durchbrochen, verwilderte Ölbäume und im Frühjahr blühende Asfodelien bilden ein grünes Dickicht, in dem sich aber auch Schlangen wohl fühlen.

Kirche Panagía tis Kassópitras: Die Kirche an der Hafenbucht, die man von der Hauptstraße oder der Taverne ›Three Brothers‹ aus betreten kann, ist ein architektonisches Kuriosum: Ihrem Dach ist ein kleines zweigeschossiges Haus aufgesetzt. Früher war es nur über eine hölzerne Zugbrücke zugänglich, sodass es bei Piratenüberfällen einen gewissen Schutz gewährte. Die Kirche steht fast genau an der Stelle des antiken Zeus-Tempels, über dem in frühchristlicher Zeit eine Basilika erbaut wurde.

Nach schweren Beschädigungen beim Angriff der Türken von 1537 bauten die Venezianer 1590 das heutige Gotteshaus. Dabei setzten sie den alten Gemäuern teilweise neue Mauern mit Kapellennischen vor. Die Archäologen haben sie eingerissen und dahinter die alten byzantinischen Fresken freigelegt. An beiden Seitenwänden hängt zudem je eine seltene Akathist-Ikone, eine Verherrlichung Mariens in insgesamt 24 Bildfeldern. Die heiligste Ikone der Kirche ist die Ikone der Panagía Vrefokrátoussa aus dem Jahr 1670, gemalt von Theodóros Pulákis. Unter der Darstellung Mariens mit dem Jesuskind ist darauf stark stilisiert die Kirche von Kassiópi vor den Ruinen der Burg zu sehen. Vor der Kirche bewirkt Maria gerade ein Wunder: Durch Handauflegen macht sie einen blinden Knaben wieder sehend.

Sport & Strände

Ortsstrand: Ein nur etwa 100 m langer, schmaler Kiesstrand erstreckt sich unmittelbar vor einigen Hotels und Tavernen an der westlichen Bucht. Sehr viel schöner sind die kleinen Kiesstrände auf der Halbinsel, die man in etwa 5–10 Gehminuten zu Fuß erreicht. Baden und Sonnen kann man außerdem gut bei den flachen Felsschollen am Ufer südlich des Hafens.

Avláki Beach: Zum etwa 500 m langen Kiesstrand geht man gut 20 Min. Außer zwei Tavernen, einigen neuen Villen und einem landschaftlich gut eingepassten Hotel steht hier kaum ein Gebäude.

Bootsverleih: Führerscheinfreie Motorboote und Speedboats mit bis zu 150 PS verleiht Filippos Boats, erreichbar über die Harbour Bar am Parkplatz der Ausflugbusse, Tel. 26630-81 227.

Tauchen: Corfu Divers, an der Hauptstraße kurz vor dem Hafen,
Tel. 26630-29 226,
Fax 26630-82 1138.
Tauchgänge für Anfänger und Fortgeschrittene von der Küste und vom Boot aus.

Ausgehen

Abends trifft man sich vor allem in den Bars rund ums **Hafenbecken.** Es gibt aber auch zwei **Discos.**

Feste & Unterhaltung

14./15. August: Großes Kirchweihfest zu Ehren Mariens mit Lammbraten vom Spieß, Live-Musik und Tanz an beiden Abenden und einer Messe in der alten Dorfkirche am Hafen.

Oassis: An der Straße zum Hafen, Tel. 26630-81 210, Fax 26630-81 067, DZ im Mai ab ca. 40 €, im August ab ca. 50 €. Das einfache Hotel mit 30 Zimmern liegt nur knapp 100 m vom Hafen entfernt. Im Gegensatz zu den meisten an-

Kávos

deren Unterkünften im Ort nimmt es auch Gäste auf, die nur für eine Nacht bleiben wollen. Ein eigener Parkplatz liegt hinter dem Haus. Die Wirte sprechen etwas Deutsch und Englisch.

Three Brothers: Am Hafen, tgl. ab 9 Uhr, Hauptgerichte 6–10 €.
Trotz der vielen Tagesausflügler, die hier mittags einkehren, bietet diese alteingesessene Taverne noch immer freundlichen Service und gute griechische Küche zu normalen Preisen. Die Pommes frites werden noch wie früher in der Küche selbst geschnitten und nicht tiefgefroren eingekauft; besonders empfehlenswert ist das köstliche *arní lemonáto*, eine Beinscheibe vom Lamm geschmort in einer Zitronen-Kräutersauce.

Busverbindung mit Kérkira Mo–Sa 6 x tgl., So 1 x, mit Acharávi, Róda und Sidári 4 x tgl.

Kávos (H 10)

Kávos ist im Sommerhalbjahr fest in Händen überwiegend junger britischer Urlauber, dementsprechend wild geht es hier zu. Die Bars und Tavernen übertreffen sich gegenseitig in der Zahl der

Kávos

Kassiópi ist ein hübsches Urlaubsstädtchen mit Flair

installierten Fernsehbildschirme für Video-Clips und Sportübertragungen, ein gutes englisches Frühstück wird auch noch nachmittags und am frühen Abend serviert. Fast täglich finden in einer der vielen Discos Schaumparties statt, jeden Morgen stolpern die letzten Versprengten durch riesige Scherbenhaufen auf der Hauptstraße. Viele Einheimische empfinden nur noch Verachtung für ihre Kávos-Urlauber, aber sind eben auf sie angewiesen. Griechische Schrift ist hier kaum irgendwo zu lesen, Speisekarten sind fast ausschließlich auf Englisch verfasst. Der Sand-Kiesstrand ist zwar lang, aber schmal und im Sommer, wenn sich die internationale Jugend dort aalt, sehr überfüllt. Deswegen sind auch die vielen Pools von Hotels und Tavernen gut besucht, die von jedermann kostenlos benutzt werden dürfen. Deutsche Veranstalter haben Hotels im Ort nicht im Programm.

Ausgehen

The Venue: An der Hauptstraße. Eine von vielen Discos. Jede Nacht um 1 Uhr ›Wet T-Shirt Contest‹ und Wahl der ›Miss Kavos‹.

Busverbindung mit Kérkira Mo–Fr 10 x täglich, Sa 8 x, So 4 x täglich.

Ziele in der Umgebung

Kap Asprókavos: Am Südrand von Kávos führt die schmaler werdende Straße in einen Olivenhain und endet an einigen Hotels an der **Pantátika-Bucht.** Zuvor zweigt zunächst die Straße nach Sparterá und unmittelbar danach ein Feldweg zum **Kap Asprókavos** und zur Ruine des Klosters Panagías Arkoudíla ab (Wegweiser: ›Monastry + Beach‹).

Der Feldweg führt stellenweise nahe an der hier über 100 m hohen Steilküste entlang und erreicht nach ca. 3 km Fahrt oder einen Spaziergang durch völlig unberührte Natur die Klosterruine nahe dem Kap. Die Scheiben der Kirche aus dem 18. Jh. sind zerbrochen, die Türen ausgehängt. Ikonen fehlen, nur an der rechten Seitenwand ist noch ein Fresko mit der Gottesmutter schlecht erhalten. Von den übrigen Klostergebäuden stehen nur noch der Glockenträger und Außenmauern, Stufen führen ins Nichts.

Kéndroma (E 3)

Das alte Bergdorf hoch über dem Meer ist abseits der Durchgangsstraße noch sehr ursprünglich geblieben. Zu den Stränden von Kalámi und zum Ági Beach läuft man jeweils etwa 20 Minuten, ein Mietfahrzeug zu haben ist hier angebracht.

The Little Farmhouse: Am Ortsanfangsschild aus Richtung Stadt ausgeschildert, etwa 100 m oberhalb der Inselrundstraße, Tel. 26630-91 220, ww.guestinn.com, Haus für 2 Pers. im Mai 40 €, im August 60 €, 2 Häuser für insgesamt 4 Pers. im Mai 60 €, im August 100 €, Mindestaufenthalt 3 Nächte.
Die schon seit 40 Jahren in Hellas lebende Deutsche Anna Polychroniádou bietet ›Urlaub auf dem Bauernhof‹ in seiner griechischen Variante. Sie ist Bio-Bäuerin, erntet ihre eigenen Oliven, Salate und Obst, hält Hühner und unterhält sich liebend gern mit ihren Gästen.

Highlight 5

Kérkira/Korfu-Stadt (E 5)

Kérkira (28 000 Ew.) galt schon als elegante Stadt, als Athen vor 170 Jahren noch ein mickriges Dorf war. Die Venezianer hatten Kérkira bereits seit dem 16. Jh. als ihre Inselhauptstadt ausgebaut; Briten und Franzosen fügten ihre Bauten zu Beginn des 19. Jh. harmonisch ein. Der historische Stadtkern breitet sich über eine weite Fläche zwischen zwei mächtigen Festungen, dem geschwungenen Ufersaum und der flachen Küstenebene auf einem niedrigen Felsplateau aus. Die Hauptstraßen sind mit hellem Marmor gepflastert, zahlreiche Arkadengänge bieten Schutz vor Regen und Sonne. Entlang der Uferfront und im Cambiello-Viertel stehen die alten venezianischen, oft fünf- und sechsgeschossigen Häuser dicht an dicht, über die engen Gassen ist Wäsche zum Trocknen gespannt (s. Tour 1, S. 108).

Kleine Plätze sind Zentren des urbanen Lebens, zu dessen abendlichem Brennpunkt das weite Grün der Esplanade zwischen Stadt und Altem Fort wird. Hier sitzt man vom späten Nachmittag an in den Straßencafés unter den hohen Arkaden des ›Liston‹ oder bummelt auf und ab, um zu sehen und gesehen zu werden. Eine ganze Reihe von Museen lässt die Geschichte der Insel wieder lebendig werden; auf dem Markt und in den Einkaufsgassen, in den Tavernen und Musiklokalen trifft man die Korfioten von heute.

Zum Stadtgebiet von Kérkira gehören auch die historischen Vororte Garítsa und Anemómilos sowie die Halbinsel Análipsis. Auf ihr lag das antike Kérkira; hier sind noch die meisten archäologischen Spuren zu finden. Kanóni an der Spitze der Halbinsel schließlich bietet den Blick, der fast alle Reisekataloge, Reiseführer und Bildbände als Titelbild ziert: die Aussicht auf die ›Mäuseinsel‹ Pontikoníssi und das Kloster Vlachérna.

Ein längerer Aufenthalt in Kérkira lohnt das ganze Jahr über, auch im Winter. Wohnt man anderswo auf der Insel, sollte man die Stadt zweimal besuchen: einmal vormittags, um die Museen und den Markt kennen zu lernen, und dann noch einmal am späten Nachmittag und am Abend, um die Stadt im Schein der vielen Laternen zu erleben, Griechen in Tavernen singen zu hören oder korfiotische Kultur vom Volkstanz bis

Kérkira

In Kérkiras Altstadt kann man einen ganzen Tag verbummeln

Kérkira

Kérkira von oben

Der Blick über die Dächer und Kirchtürme von Kérkira auf das Meer, das Festland und die grünen Hügel der Insel ist immer wieder faszinierend. Man kann ihn in den verschiedensten Varianten genießen: klassisch von den höchsten Punkten der Alten und der Neuen Festung, aus der Ferne von der Terrasse des Achíllion aus. Besonders stimmungsvoll ist er beim Sonnenuntergang und kurz danach von der Dachterrasse des Hotels Cavalieri aus, die täglich ab 18 Uhr auch für Nicht-Hotelgäste geöffnet ist. Bei einem Cocktail, einem Eis oder einem Abendessen genießen ihn hier auch viele Griechen. Und mit etwas Glück sieht man die Stadt auch vom Flugzeug aus, wenn die Maschine aus Richtung Norden einschwebt oder gen Norden abhebt. Beim Hinflug sitzt man dafür am besten links, beim Heimflug auf der rechten Seite.

zum Konzert auf den Straßen und Plätzen zu genießen.

Sehenswert

Alter Palast (Palace of St. Michael and St. George): Am nördlichen Abschluss der Esplanade, Di–So 8–19.30 Uhr, Eintritt 3 €, Kombi-Ticket möglich.
Der 1819–23 im klassizistischen Stil erbaute Palast diente 1994 als Tagungsort der Konferenz der EU-Regierungschefs. Ursprünglich residierten hier von 1823 bis 1864 die britischen Gouverneure der Insel, die man Lordhochkommissare nannte. Der Palast ist aus maltesischem Kalkstein erbaut, der per Schiff von jener damals ebenfalls den Briten gehörenden Insel herangeschafft wurde. Nach dem Anschluss der Ionischen Inseln an Griechenland war der Palast für lange Zeit eine Residenz der griechischen Königsfamilie. Seine Fassade zieren 20 dorische Säulen. Als oberen Abschluss schuf der korfiotische Bildhauer Pávlos Prosaléntis einen Fires, der wappenartige Allegorien der historischen sieben Ionischen Inseln zeigt. Die Reihe beginnt mit Pegasos, einem Sohn der Gorgo Medusa, für die Insel Léfkas. Ganz rechts versinnbildlicht die schaumgeborene Göttin Aphrodite die Insel Kíthira im Süden des Peloponnes, die bis 1864 ebenfalls den Briten unterstand. Über diesen Reliefs repräsentiert ein nur noch teilweise erhaltenes Schiff die Insel Korfu.

Thronsaal, Ballsaal und der Bankettsaal der britischen Lordhochkommissare können besichtigt werden. In mehreren anderen Räumen des Palastes ist das Museum der Asiatischen Kunst untergebracht, für das kein Extra-Eintritt bezahlt werden muss.

Altes Fort: Zugang von der Esplanade aus,
tgl. 8–19.30 Uhr
(Nov.–Apr. Di–So 8.30–17 Uhr),
Eintritt 4 €, Kombi-Ticket möglich,
nach 17 bzw. 19.30 Uhr bis 2 Uhr Eintritt frei, aber Ausstellung geschlossen und Gipfel gesperrt.
Die Halbinsel mit den beiden etwa 60 m hohen Felsgipfeln ist die Keimzelle Korfus, dort lag bis zum 16. Jh. die mittelalterliche Stadt. Der im 16. Jh. angelegte Wassergraben Contrafossa macht sie zur Insel. Die heutigen Gebäude stammen aus britischer Zeit, darunter die Georgskirche in Form eines antiken Tempels. Schön ist die Mosaiken-Ausstellung von Paleópolis.

Kérkira

Archäologisches Museum: Odós Vraíla 1, Neustadt, Di–So 8.30–15 Uhr, Eintritt 3 €, Kombi-Ticket möglich.

Die beiden bedeutendsten Ausstellungsobjekte sind der archaische Gorgo-Giebel vom Artemis-Tempel (um 585 v. Chr.) sowie der kleinere, spätarchaische Figaretto-Giebel (um 510 v. Chr.). Der Gorgo-Giebel war einst farbig bemalt und sollte Unheil vom Heiligtum fernhalten. Im Zentrum der Komposition kniet nämlich in eigenartiger Laufstellung die Gorgone Medusa, eine mythologische Gestalt, deren Anblick jeden zu Stein erstarren ließ.

Als früharchaisches Meisterwerk (um 630 v. Chr.) gilt die Löwenplastik vom Grabmal des Menokrates. Schön sind auch verschiedene kleine Bronzefiguren, der große Münzfund sowie Schmuck verschiedener Epochen.

Banknoten-Museum: Platía Iróon Kipriakoú Agónos, Mi, Fr 9–14 und 17.30–20.30 Uhr, Do, Sa, So 9–15 Uhr, Okt.–März nur Mi–So 10–15 Uhr, Eintritt frei.

Vollständige Sammlung aller neugriechischen Banknoten, Darstellung des Entstehens von Banknoten vom Entwurf bis zum Druck. Das Bankgebäude selbst wurde 1845 im Stil des Klassizismus erbaut.

Britischer Friedhof: Odós Kolokotróni, in der Neustadt am Gefängnis, tagsüber frei zugänglich. Grabdenkmäler aus der britischen Protektoratszeit unter alten Bäumen: sehr romantisch.

Byzantinisches Museum: Odós Arséniou, Cambiello, Di–So 8.30–15 Uhr, Eintritt 2 €, Kombi-Ticket möglich.

Korfus Ikonen-Museum ist stil- und stimmungsvoll in der ehemaligen Privatkirche Panagía Antivouniótissa aus dem 15. Jh. untergekommen. Etwa 100 Ikonen aus dem 15.–19. Jh. hängen hier in der ihnen gemäßen Atmosphäre. Als bedeutendste Meisterwerke gelten das ›Noli me tangere‹ von Emmanuel Tzánes (1657) und die ›Geburt Jesu‹ von Stéfanos Tzangarólas (um 1700).

Faliráki: Freier Zugang von der Uferstraße Odós Arseníou aus.

Der Gebäudekomplex auf der kleinen Landzunge an der Nordostspitze der Stadt diente im 19. Jh. als Hafenbau für die Fahrgäste der Segel- und Dampfschiffe, die damals noch ihre Passagiere ausbooten mussten. Die heute als Restaurant und Café dienenden Gebäude waren damals ein Café und eine Badeanstalt mit marmornen Wannen.

Glasbodenboot: Kalypso Star Undersea Cruise, Odós Ethn. Stadíou 38, Garítsa, Buchungen direkt am Schiff am Alten Hafen, Tel. 26610-45 151, Fax 26610-23 506, Abfahrten Mo–So stdl. zwischen 10 und 18 Uhr.

Das 50-Personen-Schiff hat einen nahezu vollständig verglasten Rumpf.

Rabatt für Fleißige

Für Urlauber, die in der Stadt Korfu kaum eine Sehenswürdigkeit auslassen wollen, kann sich der Kauf eines 10 Euro teuren Kombi-Tickets lohnen, das zum jeweils einmaligen Besuch des Alten Forts, des Alten Palastes, des Archäologischen Museums und des Byzantinischen Museums sowie des Museums für Asiatische Kunst berechtigt. Die Preisersparnis gegenüber dem Kauf von Einzeltickets beträgt 3 Euro. Das Ticket ist an den Kassen aller genannten Museen und Stätten erhältlich und zeitlich unbegrenzt gültig.

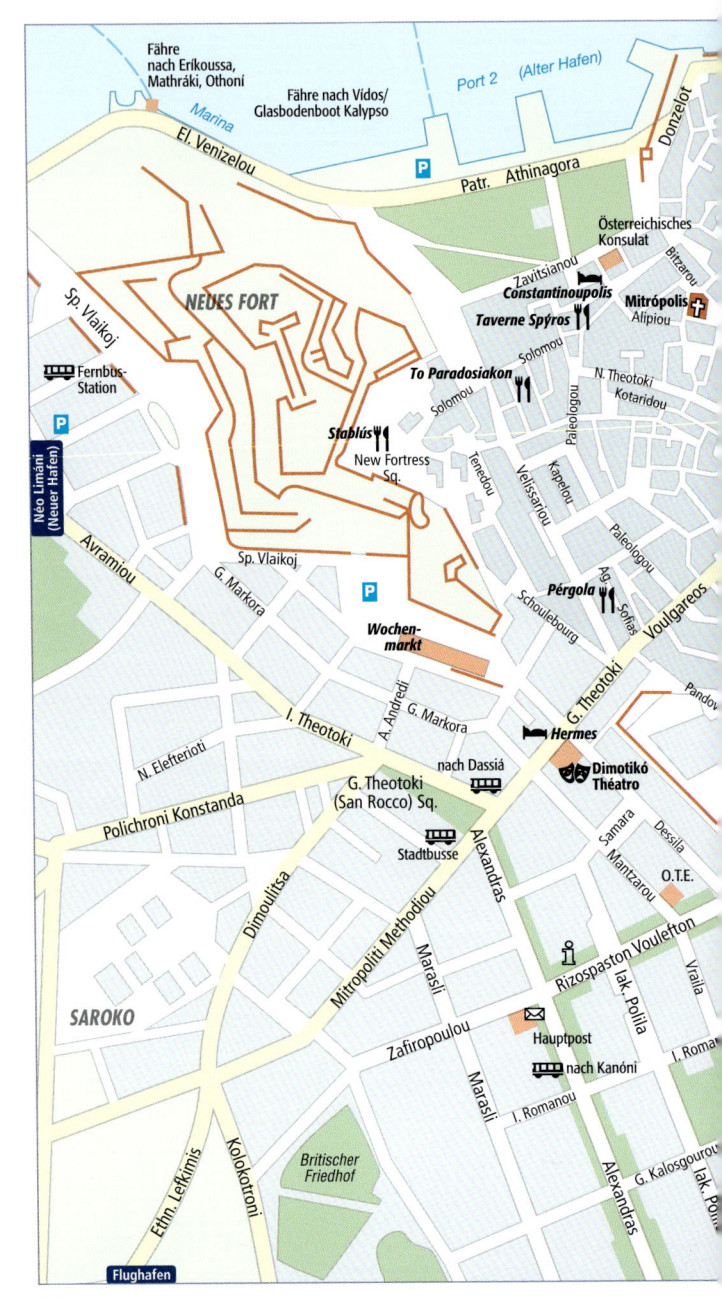

Kérkira

Kérkira

Map labels

- Arseníou
- Byzantinisches Museum
- Panagía Antivouniótissa
- Pieri
- rosforou
- CAMBIELLO
- Faliráki
- Kremasti-Brunnen
- Ag. Theodoras
- Dousmani
- Arseníou
- Filelínon
- Reading Society
- Manessi
- Alter Palast / Museum der Asiatischen Kunst
- Art Café
- Leondos
- Theodosíou
- Städtische Pinakothek
- Ágios Spirídonos
- Ag. Spirídonon
- Kalogeretou
- nach Kanóni
- Ta Kokória
- @ Internet-Café
- MANDRAKI
- anknoten-Museum
- Rex
- N. Theotóki
- Deutsches Konsulat
- Eleftherías
- ESPLANADE
- Ag. Politechníou
- g. teron
- Ag. Pánton
- Rathaus
- nach Kanóni
- Schulenburg-Monument
- ALTES FORT
- Voulgáreos
- Goody
- Dousmani
- imarchíou
- Sivoton
- St-Michael
- oroula
- Guilford
- Eparchou Genata
- D. kola
- Aristotélous
- Idroménon
- Moustochidi
- Mavíli
- Monument des 21.5.1864
- Ag. Politechníou
- Kapodistríou
- N. Zambéli
- Lefkímis
- Albana
- Cavalieri
- Maítland's Rotonda
- Nautical Club
- Bella Venezia
- G. Aspióti
- Akadimías
- Kapodístrias Monument
- Corfu Palace
- Dimokratías
- aíla
- Archäologisches Museum
- Garítsa, Análipsis, Anemómilos

Kérkira

0 — 100 — 200 m

Kérkira

Durch große Scheiben erlebt man während der einstündigen Rundfahrt die Unterwasserwelt und sieht zudem eine Show mit Tauchern und Seelöwen.

Haus der Lesegesellschaft (Reading Society): Odós Kapodístriou 120, Altstadt, Mo–Fr 10–13 Uhr. Eintritt frei.

In einem venezianischen Haus des 17. Jh. ist Korfus älteste, 1836 gegründete Bibliothek untergebracht. Der schöne Treppenaufgang wurde im 19. Jh. angefügt.

Kirche Ágios Spirídonos: Odós Spirídonos, tagsüber geöffnet.

Die im 16. Jh. erbaute Kirche mit dem markanten Campanile ist dem Schutzheiligen der Insel geweiht. Seine Gebeine ruhen in einem mit Silber beschlagenen Ebenholzsarg in einer Kapelle rechts neben dem Hauptaltar und werden täglich von Hunderten von Gläubigen besucht. Sie küssen den Sarkophag und entzünden Kerzen. Von der Decke hängen zahlreiche wertvolle Votivgaben herab, darunter auch kleine Segelschiffmodelle aus Silber. Die Ikonostase aus Marmor von der Kykladeninsel Páros entstand 1864, die Decken- und Wandmalereien im Stil des Barock sind Werke des 19. Jh.

Kirche Mitrópolis (Panagía Spiliótissa): Odós Vitzaroú Kiriakí, Altstadt, tgl. 9–13, 17–20 Uhr.

In der 1527 geweihten Bischofskirche von Korfu hängen zahlreiche Ikonen aus dem 17. und 18. Jahrhundert. Besonders schön ist die Kreuzigungsikone, auf der klein auch die drei Kinder des Stifters in der Kleidung ihrer Zeit dargestellt sind. Hoch verehrt werden die Gebeine der hl. Theodóra in einem Silberschrein in der rechten Seitenkapelle. Diese byzantinische Kaiserin beendete 843 den Bilderstreit (Ikonoklasmus), der ab 726 unter Waffengewalt um die Frage der Rechtmäßigkeit der Ikonenverehrung ausgefochten worden war.

Kremastí-Brunnen: Platía Kremastí, Cambiéllo-Viertel.

Der schöne, 1669 von einem Edelmann zum Wohle der Gemeinschaft gestiftete Brunnen steht auf einem kleinen Altstadt-Platz. An ihn grenzt auch die fast immer verschlossene Kremastí-Kirche aus dem 16. Jh.

Maitland's Rotonda: Am südlichen Ende der Esplanade.

Der einem antiken Rundtempel nachempfundene Bau mit Säulen im ionischen Stil ist ein Ehrenmal für den schottischen Lord Sir Thomas Maitland, der 1816–24 als Hochkommissar die

Blick auf das Alte Fort mit dem Mandráki-Hafen

Kérkira

Ionischen Inseln regierte. Er steht über einem unterirdischen Wasserspeicher, den Maitland zur Versorgung der Stadt anlegen ließ.

Menekrates-Kenotaph: Odós Kíprou 1, auf dem Gelände einer Polizeistation.

Der unscheinbare, unter heutigem Straßenniveau liegende Rundbau aus dem 6. Jh. v. Chr. war ein Denkmal für einen korfiotischen Konsul, der in Délphi auf dem Festland verstarb. Ursprünglich war es mit der Löwenplastik bekrönt, die heute im Archäologischen Museum zu sehen ist.

Museum der Asiatischen Kunst: Im Alten Palast an der Esplanade, Di–So 8–19.30 Uhr, Eintritt im Eintrittspreis für den Alten Palast inbegriffen, Kombi-Ticket möglich.

Das Museum, das mehr als 10 000 zumeist japanische, koreanische und chinesische Kunstobjekte besitzt, wurde nach längerer Schließung im Jahr 2000 teilweise wieder geöffnet; die Ausstellungen sind jedoch noch im Aufbau.

Neues Fort: Eingang von der Odós Solomoú aus, tgl. 10–19 Uhr, Juni–Sept. 9–22 Uhr, Eintritt 2 €.

Die von den Venezianern im 16. Jh. errichtete und von den Briten im 19. Jh. ausgebaute Festung bietet einen schönen Blick auf Stadt und Hafen. Ständige Ausstellung ›Korfiotische Keramik von der Antike bis heute‹.

Rathaus: Platía Dimarchíou, keine Innenbesichtigung.

Korfus vielleicht schönstes Gebäude entstand im späten 17. Jh. als eine Art Clubhaus für den venezianischen Adel. Im Jahr 1720 wurde es in ein Theater

Kérkira

umgewandelt, seit 1903 ist es das Rathaus der Stadt.

Schulenburg-Denkmal: Das Barockdenkmal am Eingang zum Alten Fort, vor dem meist Kutschen auf Fahrgäste warten, erinnert an den deutschen Grafen Johann Matthias von der Schulenburg, der als venezianischer Oberbefehlshaber der Insel 1716 einen türkischen Eroberungsversuch erfolgreich zurückschlug.

Städtische Pinakothek: Im östlichen Seitenflügel des Alten Palastes, Esplanade, tgl. 9–21 Uhr, Eintritt 2 €. Die Ausstellung zeigt überwiegend Gemälde korfiotischer Maler aus dem 19. und 20. Jh. Das Werk ›Night in Corfu‹ von Geórgios Samartzís (1868–1925) zeigt die Liston-Arkaden im Jahr 1913; Pachís Charálambos (1844–91) aus Gastoúri stellt dramatisch die Ermordung des ersten griechischen Premierministers, Ioánnis Kapodístrias, im Jahr 1831 dar. In einem Nebensaal hängen zwei um 1590 entstandene Ikonen des bedeutenden Malers Michaíl Damaskínos, die die Enthauptung Johannes des Täufers und die Steinigung des hl. Stefan zeigen.

Einkaufstipp für Selbstversorger

Wer sich auf Korfu kostengünstig selbst versorgen will, findet links der Schnellstraße von Kontokáli nach Gouviá einen großen Supermarkt der aus der Heimat bekannten Kette Lidl. Er führt neben Produkten, die es auch in Deutschland zu kaufen gibt, auch zahlreiche griechische Waren. Ein großer Parkplatz ist vorhanden. Öffnungszeiten: Mo–Sa 8–20 Uhr, Sa 8–16 Uhr.

Sport & Strände

Strandbad Mon Repos: Der einzige gute Badestrand im Stadtgebiet liegt im Stadtteil Anemómilos kurz vor dem Schloss. Ganztags geöffnet, geringe Eintrittsgebühr, mit Umkleidekabinen, Cafeteria und Duschen.

Einkaufen

Ex Oriente Lux: Odós Kapodístriou 8. Der gut Deutsch sprechende Cóstas Papageorgíou bringt von seinen häufigen Orientreisen viele Reminiszenzen ans Osmanische Reich mit auf die Insel.

Kiosk: Odós Kapodistríou 13. Eine Riesenauswahl internationaler Zeitungen und Zeitschriften auf engstem Raum. Der Deutsch sprechende Inhaber Demosthénes Gramménos hat trotzdem den Überblick: Er weiß genau, wo was zu finden ist.

Lalaounis: Odós Kapodistríou 35. Filiale eines der renommiertesten griechischen Juweliere, in der man viel Geld loswerden kann.

Mercury Design: Odós Alipío 16, Mo–Sa 10–21 Uhr. Gold- und Silberschmuck aus eigener Werkstatt.

Metáxi: Odós Vasileíou 30. Kleines, etwas angestaubtes Geschäft, das Artikel aus selten gewordener griechischer Naturseide führt. Nachmittags ist die Englisch sprechende Tochter der Inhaberin da.

Museum Shop: Im Alten Fort, Esplanade, gleich links hinter der Brücke, Mo–Fr 8.30–15.50 Uhr. Staatlich geführtes Geschäft, in dem man autorisierte Kopien von Kunstwerken aus allerlei griechischen Museen kaufen kann. Lebensgroße Statuen werden auch per Fracht in alle Welt geliefert.

Nikos: Odós N. Theotóki 54. Schmuck und Skulpturen aus Gold, Sil-

Kérkira

ber und Edelsteinen, alle von Níkos Michalópoulos selbst gefertigt.

Palia Kerkyra Antiques:
Odós Margar. Almpana Miniati (neben dem Hotel Cavalieri).
Antiquitätenhandlung, die nicht nur Möbel, sondern auch kleinere Objekte verkauft.

Patisserie O Papagiórgis:
Odós N. Theotóki 32.
Die für Korfu typische Zwergorange Koumquat in allen Variationen: als kandierte Frucht, als Marmelade, als Likör usw.

Patoúnis Soap Factory: Odós I. Theotóki (nahe San Rocco Square).
Über 100 Jahre alte Fabrik, die nach alten Rezepten und Methoden Seife aus Olivenöl per Hand herstellt. Die Fabrik kann besichtigt werden, im angeschlossenen Laden werden die Produkte ansprechend verpackt offeriert.

Starénio: Odós Guilford 51.
Beste Brotbäckerei der Stadt, große Auswahl.

Velvet: Odós Nik. Theotóki 42.
Mode für junge Damen jeden Alters von internationalen Designern und vom griechischen Top-Designer Pávlos Kyriakídes.

Ausgehen

Dimotikó Théatro (Stadttheater):
Konzerte und Theatergastspiele an vielen Abenden im Jahr, Auskunft im Theater oder durch (meist nur griechische) Plakate in der Stadt.

Stablús: 1H Párodos Solomoú, am Weg von der Platía Solomoú zum Neuen Fort, tgl. ab 17 Uhr, www.stablus.gr.
Das In-Lokal der Stadt fürs ganze Jahr. Open-air-Terrassen zwischen Festungsmauern und Kirchenkuppel, ganz unterschiedlich im Lounging-Stil möbliert. Kleiner Restaurant-Bereich mit transnationaler Küche und guter Weinkarte.

Korfus Disco-Meile

Während in den Discos in den Urlaubsorten meist mehr ausländische Gäste als Griechen anzutreffen sind, gehört die Szene in der Inselhauptstadt ganz überwiegend der einheimischen Jugend. Da sie außerdem ganzjährig in Betrieb sind, sind sie auch größer und technisch aufwendiger ausgestattet als die in den Badeorten. Als Disco-Meile von Kérkira gilt die Uferstraße zwischen dem Neuen Hafen und der Bucht von Pótamos. Szene-Clubs sind der Club Cristal After Dark, der Club Au Bar Corfu, der Privelege Club Prive, das Apéritto, das La Notte und als Bar das Opera Music Café. Unter Einheimischen genießt das Elektron einen besonders guten Ruf, weil hier überwiegend aktuelle griechische Musik gespielt wird.

Gelegentlich gibt es Live-Musik oder Gastauftritte bekannter DJ's.

Spielcasino: Im Hotel Corfu Holiday Palace, Kanóni, tgl. 20–3 Uhr, kein Krawattenzwang.

Feste & Unterhaltung

Karneval, Ostern und Spirídon-Prozession: s. S. 18–20 und Kasten S. 76.

September: Kulturfestival mit zahlreichen Veranstaltungen im Theater sowie auf den Straßen und Plätzen der Altstadt.

Gottesdienste:

Evangelisch: So 11 und 19.30 Uhr, Odós Iakóvou Políla, Neustadt, Tel. 26610-37304.

Römisch-katholisch: So 8.30, 10 und 18 oder 19 Uhr, Platía Dimarchíou (Rathausplatz), Tel. 26610-30277.

Kérkira

Tourist Information: Griechische Zentrale für Fremdenverkehr, Odós Evangelístrias/Ecke Odós Dim. Kollá (am Rathaus). Winzig, nur sporadisch besetzt, vielleicht demnächst schon wieder woanders.
Touristen-Polizei: Odós Samartzi 4, Platía San Rocco, Neustadt, Tel. 26610-30265. Für Auskünfte und Beschwerden.
Hafenpolizei: Tel. 26610-32655 und 26610-30481. Für Schiffsauskünfte.
Flughafen: Tel. 26610-31388. Für Fluginformationen.
Hauptpost: Leofóros Aléxandras, Neustadt, Mo–Sa 7.30–20 Uhr.

Ostern in Kérkira

In der Stadt Kérkira werden die Karwoche und das Osterfest besonders ausgiebig und traditionell begangen. Am Anfang steht am Palmsonntag morgens um 11 Uhr eine festliche Spíridon-Prozession, die an der Kirche des Inselheiligen beginnt. Am Karmittwoch findet im Stadttheater ein festliches Kirchenmusik-Konzert mit Beteiligung des Chors der Stadt Kérkira statt. Am Karfreitag werden in der Stadt die Prozessionen wegen ihrer Vielfalt auf die Zeit zwischen 14 und 22 Uhr verteilt, damit auch jede Prozession von einem Orchester begleitet werden kann. Am Ostersonntag tragen alle Kirchengemeinden, die eine Auferstehungsikone besitzen, diese Ikone in feierlicher Prozession durch die Straßen ihres Pfarrbezirks.

Hermes: Odós G. Markóra 14, Tel. 26610-39321, Fax 26610-31747, DZ im Mai ab ca. 25 €, im August ab ca. 40 €.
Am Wochenmarkt gelegenes, älteres Hotel mit 34 sehr einfachen Zimmern. Nicht immer leise, aber mitten im städtischen Leben und voller Atmosphäre vergangener Jahrzehnte.
Constantinoupolis: Odós K. Zavitsianoú 1, am Alten Hafen, Tel. 26610-48716, Fax 26610-80717, www.konstantinoupolis.com.gr, DZ im Mai ab ca. 60 €, im August ab ca. 55 €.
Das 1861 erbaute, fünfgeschossige Haus diente schon von 1878–1993 als Hotel und wurde nach gründlicher Renovierung 1997 wieder eröffnet. Der Frühstücksraum und der Fahrstuhl verströmen das Flair des 19. Jh., die 34 Zimmer haben Zentralheizung und meist auch einen kleinen Balkon.
Bella Venezia: Odós Zambéli 4. Tel. 26610-46500, Fax 26610-20708, www.bellaveneziahotel.com, DZ im Mai ab 100 €, im August ab 120 €.
2006 total renoviertes, zentral gelegenes, voll klimatisiertes Hotel mit 32 relativ kleinen Zimmern in einem klassizistischen Gebäude aus dem 19. Jh., das zuerst als Bank, dann als Mädchen-Gymnasium diente. Das Frühstück wird in einem Garten-Pavillon serviert; Flitterwöchner können ein ›Brautgemach‹ buchen.
Cavalieri: Odós Kapodistríou 4, Tel. 26610-39041, Fax 26610-39336, www.cavalieri-hotel.com, DZ im Mai ab ca. 100 €, im August ab ca. 120 €.
Zum Teil mit Antiquitäten eingerichtetes, klimatisiertes Hotel in einem ehemaligen venezianischen Stadtpalast. 48 Zimmer.
Corfu Palace: Leofóros Dimokratías, 115 Zimmer, Tel. 26610-39485, Fax 26610-31749, www.corfupalace.com,

Kérkira

DZ im Mai ab ca. 150 €, im August ab ca. 180 €.
First-Class-Hotel unter schweizerisch-griechischer Leitung mit Meerwasserpool und sogar einem Hallenbad. Am Rande der Altstadt gelegen, aber ohne viel Flair. Im Sommer dreimal wöchentlich kostenloser Hotelbus zu verschiedenen Stränden.

Captain's: Kanóni, tgl. ab 11 Uhr, Hauptgerichte 6,50–10 €.
Familiär geführte Taverne nahe dem Aussichtspunkt, in der einfache griechische Hausmannskost geboten wird. Zur Taverne gehört ein kleiner Kinderspielplatz.
Goody: Odós Efg. Voulgaréos 15, Teller Spaghetti je nach Sauce 3,95–4,35 €, Cheeseburger 1,90 €, ein Liter Bier vom Fass 2,75 €.
Die griechische Variante von McDonald's. Immerhin gibt es hier sehr ordentliche Spaghetti und sehr preiswertes Bier...
Internet Café NetOikos: Odós Pargás, Tel. 26610-47 479, tgl. ab 10 Uhr, 3 €/Std., Minimum 1 €/20 Min.
Viele Terminals, kleine Bar, freundliches Personal.
O Yánnis: Odós Agíon Iasónas ke Sossípatrou 41, Halbinsel Análipsis, Mo–Sa 18–24, So 19–24 Uhr, Hauptgerichte 6–10 €.
Abseits der Touristenströme gelegene Gartentaverne mit großem Angebot, darunter korfiotische Kohlrouladen *(lachanodolmádes)* und Kaninchen-Stifádo. Bourdétto mit Kabeljau, Wein vom Fass.
Ta Kokória: Odós Pargás 18, tgl. ab 17 Uhr, Hauptgerichte 5,50–12 €.
Einfaches Mesedopólio, das außer allerlei Kleinigkeiten auch Sofríto und Kokorétsi serviert.
To Paradosiakon: Odós Solomoú 20, tgl. ab 9 Uhr, Sofríto ca. 9 €, Moussakás ca. 8 €, griechischer Bauernsalat ca. 4,50 €, 0,5 l Wein vom Fass 4 €.
Erstklassige Taverne mit großer Auswahl an ausschließlich hausgemachten griechischen Gerichten. Vater Kóstas und Mutter Elpída stehen in der Küche, Sohn Alékos und seine Frau María sorgen für den freundlichen Service. Exzelentes Sofríto, guter korfiotischer Wein vom Fass.
Art Café: Im Garten des Alten Palastes an der Esplanade, Eingang in der Nordostecke der Esplanade, tgl. ab 10 Uhr.
Eine Oase der Ruhe mit Blick durch die Sprossenfenster an Volants mit Troddeln vorbei hinüber nach Albanien, Tische im Park mit seinen efeuumrankten Palmen, gute Tees, Kaffees und heiße Schokolade. Kunst an den Wänden, gelegentlich Live-Musik am Abend.
Pérgola: Odós Agías Sofías 10/Odós Odigítrias 6, Evraikí, tgl. ab 10 Uhr, Hauptgerichte 7–10 €, 200 ml Tresterschnaps 4 €.
Traditionelle Taverne unter der Leitung der Wirte Sákis und Chrístos vom nordgriechischen Festland. Exzellenter Tresterschnaps aus dem Epirus, guter, leicht moussierender Hauswein aus dem epirotischen Zítsa. Leckere Kleinigkeit: *rollákia melitzánas ke spanáka,* mit Spinat und Ziegenkäse gefüllte gebratene Auberginenröllchen.
Spýros: Odós Dóna 15 (hinter dem Alten Hafen), tgl. ab 10 Uhr, Portion hausgemachtes Döner 5 €, typische Ausgabe für ein üppiges Abendessen mit Hauswein 25 €.
Besonders freundlich die Wirtsleute Spíros und Aléxandra, viele hausgemachte Gerichte aus der kleinen Küche, in der Spíros Stammgästen gern einen kurzen Kochunterricht gibt.
Dimarchíou: Platía Dimarchíou/Odós Guilford, tgl. ab 9.30 Uhr, Hauptgerichte 8–15 €.

Kérkira

Gepflegtes Restaurant am Rathausplatz mit sehr guter griechischer und internationaler Küche.
La Cucina: Odós Guilford 17, tgl. ab 19 Uhr, Hauptgerichte 9–22 €. Erstklassiges italienisches Restaurant. Den Gast erwarten frische Nudeln, tolle Pizzen, Super-Carpaccios. Und: Das Preis/Leistungsverhältnis stimmt. Drinnen sitzt man angenehmer als draußen, da dort die Tische viel zu klein sind.
Rex: Odós Kapodistríou 66, tgl. ab 12 Uhr, Hauptgerichte 9–21 €. Gepflegtes, stilvolles Restaurant hinter den Liston-Arkaden. Griechische und internationale Küche, gute Weine und exzellente Desserts haben allerdings ihren (gerechtfertigten) Preis.

Busverbindungen s. S. 36. Stadtbusse sind blau, Fernbusse grün, Auskunft Tel. 26610-31 591.
Wichtige Stadtbus-Linien: Linie 2 ab Esplanade, Neuem Hafen, Hotel Hermes am Markt und Leofóros Alexandras (auf Höhe der Polizeistation) auf die Halbinsel Análipsis und nach Kanóni. Linie 6 ab Platía San Rocco nach Pérama und Benítses. Linie 7 ab Platía San Rocco über Kontokáli, Gouviá und Dafníla nach Dassiá. Linie 8 ab Platía San Rocco nach Ágios Ioánnis. Linie 10 ab Platía San Rocco nach Gastoúri und zum Achíllion. Linie 11 nach Pérama und Pélekas.

Ziele in der Umgebung

Vídos (E 4): Die kleine Insel vor dem Hafen von Kérkira ist bewaldet und besitzt einige kleine Strände sowie eine schattige Taverne. Boote fahren in der Saison vom Alten Hafen zwischen 10 und 19 Uhr stündlich hinüber.
Albanien-Ausflug: Petrakis Cruises, Odós Ethn. Antistásseos 4, Neuer Hafen (gegenüber vom internationalen Fähr-Terminal), Tel. 26610-38690, Fax 26610-38787, www.ionian-cruises.com, Ticket hin und zurück 25 €, Visagebühr ca. 10 €.
Jeden Tag um 9 Uhr startet ein schnelles Tragflügelboot zur 25-minütigen Fahrt nach Sarande in Albanien, einem aufstrebenden Städtchen mit Strand. Organisierte Ausflüge führen von hier zu den römischen Ausgrabungen von Butrint. Der Euro wird überall als Zahlungsmittel akzeptiert, der Personalausweis genügt für Tagesausflüge.

Halbinsel Análipsis (E 5)

Artemis-Tempel: Halbinsel Análipsis, Bushaltestelle Paleópolis, dann die Odós Derpfeld entlang, bei der ersten Gabelung der Asphaltstraße nach links folgen, frei einsehbar.
Die spärlichen Überreste des ältesten antiken Tempels der Insel liegen unmittelbar vor den Mauern des Klosters Agíi Theódori. Der Kultbau wurde um 590 v. Chr. errichtet, war etwa 48 m lang und 22 m breit, seine Ringhalle bestand aus 48 ca. 6 m hohen Säulen.
Basilika von Paleópolis: Am Análipsis, gegenüber dem Eingang von Mon Repos, frei einsehbar.
Die hoch aufragenden Mauerreste aus venezianischer Zeit stammen von einer gotischen Kirche, die unter Verwendung der Ruine einer frühchristlichen Basilika errichtet wurde. Die wiederum stand über den noch schwach erkennbaren Resten eines römischen Odeons, also eines kleinen Musiktheaters.
Friedhofskirche: Anemómilos, Zugang über Odós Anapáfseos, tgl. 7.30–17.30 Uhr.
Die 1840 erbaute Hallenkirche birgt bedeutende Ikonen, darunter drei Arbeiten aus dem 16. Jh. von Michaíl Damáskinos: Christus als Hohepriester, Panagía Platitéra und Hl. Antónios.

Kérkira

(Karte: Análipsis)

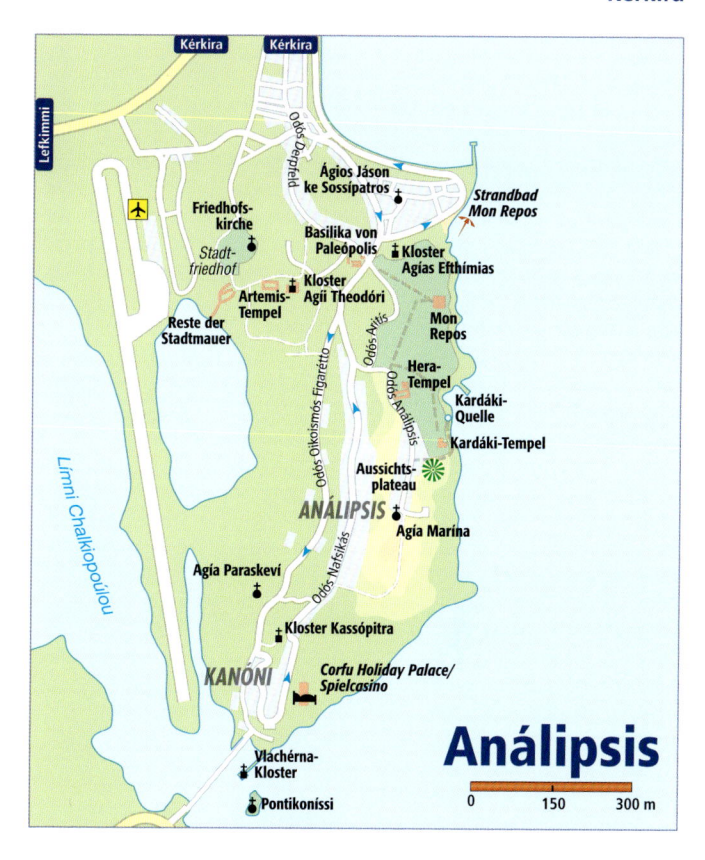

Highlight 6

Kanóni und Vlachérna-Kloster: Von Kanóni an der Spitze der Halbinsel Análipsis hat man einen schönen Blick auf die beiden Inseln Vlachérna und Pontikoníssi sowie auf die Startbahn des Flughafens. Sie ist in den flachen Golf von Chalkiopoúlou hineingebaut worden, der in der Antike als Kriegshafen der Stadt Kérkira diente. Ein Damm verbindet Kanóni mit Pérama am gegenüberliegenden Ufer, Motorboote fahren zur nahen Insel Pontikoníssi (s. S. 80).

Auch das Klosterinselchen Vlachérna ist über den Damm erreichbar. Dort steht ein stark restaurierter, um 1700 entstandener Konvent, der heute unbewohnt ist (tagsüber frei zugänglich). Da hier das berühmteste aller Korfu-Bilder entstanden ist, kommen jährlich Tausende von Besuchern, um auch die berühmte Aussicht zu genießen. Die Kirche ist klein und bedeutungslos im Vergleich zu dem Souvenirladen, der nun in einem Teil der alten Klosterbauten untergebracht ist.

Kardáki-Quelle: Man folgt am Eingang zum Schloss Mon Repos der links abbiegenden Asphaltstraße zur Sied-

79

Kontokáli

lung Análipsis. Dort beginnt schräg gegenüber der Kirche zwischen den Häusern 14 und 18 ein Fußweg, der dann als schmaler Pfad in etwa 5–6 Min. zur Quelle führt. Das Wasser fließt aus dem Kopf eines als Relief aus dem Stein gehauenen, nur noch schwach erkennbaren geflügelten venezianischen Löwen.

Kirche Ágios Iáson ke Sossípatros: Odós Iáson ke Sossipátrou 23, Ortsteil Anemómilos, tgl. 8.30–14 und 18–21.30 Uhr.
Korfus einzige klassisch-byzantinische Kreuzkuppelkirche wurde um 1000 erbaut. Deutlich sind die regelmäßig behauenen Tuffquadern der Antike und die weniger regelmäßigen Steine der Entstehungszeit zu unterscheiden. Typisch sind die schönen eingelegten Ziegelsteindekors: entweder Zick-Zack-Bänder oder das Christus-Monogramm mit den Buchstaben IC.

Kloster Agías Efthímias: Odós Feákon, Anemómilos, kurz vor der Einfahrt zum Schloss Mon Repos, Mai–Okt. tgl. 8–13, 17–20 Uhr, sonst 9–12, 16–18 Uhr.
Das gastfreundliche Nonnenkloster aus dem späten Mittelalter lohnt wegen der schönen Arkaden im Klosterhof und seines Blumenreichtums einen Besuch.

Kloster Agíi Theodóri: Am Artemis-Tempel, Wegbeschreibung s. S. 78, tgl. 9–13, 17–20 Uhr, Eintritt frei.
Die Kirche auf dem ringsum von Zellentrakten umstandenen Hof des Nonnenklosters wurde unter Verwendung von Mauerresten einer frühchristlichen Basilika erbaut. Ihre Ausstattung stammt aus dem 19./20. Jh.

Mon Repos: Paleópolis, am Ansatz der Halbinsel Análipsis. Park tagsüber frei zugänglich, Eintritt frei; Palast Di–So 8.30–15 Uhr, Eintritt 2 €.
Der große Park des Schlosses mit vielen alten, teils tropischen Bäumen, den Spuren antiker Tempel und einer schönen Küstenszenerie ist seit 1994 der Öffentlichkeit zugänglich, das Schloss selbst erst seit 1998. Erbaut wurde das kleine Palais 1831 als Sommerresidenz für die britischen Lordhochkommissare, 1864 ging es an das Königshaus über. 1921 wurde hier Prinz Philip, der Gemahl der englischen Königin Elizabeth II., als Sohn eines griechischen Prinzen geboren.

Pontikoníssi (Mäuseinsel): Halbinsel Análipsis, Boote tagsüber vom Damm zwischen Kanóni und dem Vlachérna-Kloster.
Auf der winzigen Insel, die inzwischen ihres Zypressenwäldchens beraubt wurde, steht eine kleine Kreuzkuppelkirche, die auf das 11. Jh. datiert wird. Als Kaiserin Elisabeth von Österreich die Insel 1861 besuchte (eine Gedenktafel erinnert daran), sah sie noch ganz anders aus: Neben der Kirche und am Ufer standen zweigeschossige Steinhäuser, in denen bis vor 90 Jahren noch Mönche lebten.

Kontokáli (D 4)

Zu dem Ferienort mit 1600 Einwohnern, der noch etwas ursprünglicher geblieben ist als das benachbarte Gouviá, gehört die kleine Toúrka-Halbinsel mit dem Großhotel Kontokáli Bay und ein paar Fischerhäusern aus dem 18./19. Jh. direkt an der Bucht von Gouviá. Diese Häuser vermitteln einen guten Eindruck vom Kontokáli der Vorkriegszeit (dem Wegweiser hinter dem Hotel zur Fischtaverne Roúla folgen, dort parken und noch etwa 50 m weitergehen).

Kontokáli Bay: Toúrka-Halbinsel, 220 Zimmer, Tel. 26610-90 000, Fax 26610-91 901,

www.kontokalibay.com, DZ im Mai ab 90 €, im August ab 160 €.
Das Hotel mit Meerwasser-Pool, zwei Sandstränden, Tennisplätzen, Mountainbike-Verleih, einem eigenen Bootshafen und Wassersportzentrum vereint Stadtnähe (Bushaltestelle 7 Min. entfernt) mit einer ruhigen Lage.

Tákis: An der Hauptstraße im Dorfzentrum, ganzjährig tgl. ca. 9–12 und ab 18 Uhr, Hauptgerichte 6–12 €.
Wirt Dimítri bereitet alle seine Speisen mithilfe seiner Frau Sofía selbst zu und räuchert sogar Forellen, die er vom nordgriechischen Festland bezieht. Tomaten füllt er statt mit Hackfleisch und Reis mit Auberginen-, Zucchini- und Paprikastückchen, Muscheln serviert er in Weißweinsauce. Spezialität des Hauses ist der Meeresfrüchte-Eintopf Poseidon mit Oktopus, Muscheln und *Soupiés* (Sepia). Für guten Service sorgen die Söhne des Wirts, Aléxandros und Tákis.
Roúla: Auf der Halbinsel im Osten der Bucht zwischen den alten Fischerhäusern und dem Großhotel Kontokáli Bay Hotel, tgl. ab 18.30, Sa, So auch 12–16 Uhr, Hauptgerichte ab 10 €.
Sehr gepflegte Fischtaverne, viel Prominenz im Gästebuch.

Stadtbus Nr. 7 nach Kérkira und Dassiá Mo–Sa zwischen 7 und 22 Uhr halbstdl., So stdl.

Lákones (B 4)

Das alte Bergdorf Lákones ist der Balkon des Ionischen Meeres. Weit schweift der Blick von hier über die mit Ölbäumen und Zypressen bestandenen Hänge auf die Buchten von Paleokastrítsa und entlang der Steilküste in Richtung Süden. Moderne Tavernen und traditionelle Kaffeehäuser, die zugleich Gemischtwarenhandlungen sind, laden zum stundenlangen Verweilen; ein an der Hauptstraße ausgeschilderter Fußpfad führt in etwa 30 Min. nach Paleokastrítsa hinunter.

Einkaufen
Alkis: An der Hauptstraße im Zentrum, hinter dem Fußweg nach Paleokastrítsa, Richtung Makrádes.
Ein älterer Mann, der als einer der besten Olivenholzschnitzer der Insel gilt, hat hier seine Werkstatt und seine Verkaufsbude.

Golden Fox: Am Ortsende gen Makrádes, Tel. 26630-49 101, Fax 26630-49 319, www.corfugoldenfox.com, DZ im Mai 60–90 €, im August 70–110 €.
Traumhaft schön gelegene Wohnanlage mit 11 Studios und einem kleinen Pool auf einer einzigartigen Panorama-Terrasse, von der aus man den schönsten Blick auf die Burg Angelókastro hat. Auch mit Halbpension buchbar. Eigenes Fahrzeug ist angebracht.

Dolce: An der Straße Richtung Makrádes.
Café und Konditorei mit Kuchen und Torten aus eigener Herstellung, toller Panorama-Blick auf Paleokastrítsa.
Golden Fox: Oberhalb der gleichnamigen Wohnanlage, Hauptgerichte 6–18 €.
Sehr gute Taverne mit Panoramablick und exzellenter Küche, die auch griechische Prominenz zu schätzen weiß. Hier kann man die traditionelle Spezialität der Region, den Schweineschinken Néboulo, als Vorspeise bestellen. Nicht minder gut: der von Wirtstochter Katarína gebackene Nusskuchen.

Lefkími

Busverbindung mit Kérkira, Makrádes und Paleokastrítsa 2 x tgl.

Highlight
Lefkími (G 9)

Das größte Dorf im Inselsüden (3500 Ew.) erstreckt sich über mehrere Kilometer Länge zwischen den Ortsteilen Ano Lefkími und Melíkia. Die Umgebung ist ausgesprochen fruchtbar; hier wachsen nicht nur Oliven, sondern auch viel Wein und Gemüse.

Der schönste Teil des vom Tourismus noch unberührten Dorfes ist das Viertel am ganzjährig Wasser führenden Fluss Pótamos, der 1500 m nördlich von Lefkími ins Meer mündet. Er dient heute Fischer- und Ausflugsbooten als sicherer Hafen. Einige alte Lagerhäuser am Fluss zeugen davon, dass dieser in straßenlosen Zeiten ein Handelshafen war, von dem die Produkte der Region in die Stadt Kérkira und aufs Festland verschifft wurden. Auf dem kleinen Platz südlich der Brücke kann man vom Kafenío aus das Dorfleben bestens beobachten: Hier in Lefkími tragen noch viele ältere Frauen schlichte Alltagstracht mit dem typischen hutartigen Kopftuch.

Sehenswert
Kloster Kirás ton Ángelon: An der alten Dorfstraße im Ortsteil Áno Lefkími (griechisch) ausgeschildert, tgl. 7.30 Uhr bis Sonnenuntergang.
In dem bereits 1696 gegründeten Kloster, dessen Kirche noch aus jener Zeit stammt, leben heute nur noch zwei alte Nonnen. Zunächst führen sie den Besucher in die Kirche, danach meist noch in ihren Salon. Da kommen dann ein paar Zwiebäcke oder Obst und ein griechischer Kaffee auf den Tisch – und manchmal auch ein Fläschchen Ouzo, von dem sich die Äbtissin gern einen winzigen Schluck in den Kaffee gießt.

Sport & Strände
Boúka Beach: Nächstgelegener Badestrand 1500 m von der Brücke entfernt südlich der Flussmündung. Strand-Kiosk mit Getränken und Snacks, Liegestuhl- und Sonnenschirmvermietung, Süßwasserduschen.

Maria und **The River:** unmittelbar am Fluss Richtung Boúka, ganzjährig ab 10 Uhr geöffnet, Hauptgerichte 5–8 €.
Zwei gleich gute Tavernen mit Plastikstühlen und -tischen.

Busverbindung mit Kérkira und Kávos Mo–Sa 11 x tgl., Sa 8 x, So 4 x. Tagesausflüge in beide Orte möglich. 3 x wöchentl. Busverbindung mit Athen. Wer mit dem Linienbus nach Lefkími fährt, sollte nicht an der Platía, sondern an der Brücke über den Fluss Pótamos aussteigen!
Fährverbindung mehrmals tgl. mit Igoumenítsa (Festland) vom neuen Hafen südöstlich des Ortes.

Ziele in der Umgebung
Alikés (D/E 4/5): Der Ortsname bedeutet im Griechischen ›Salinen‹. Früher wurde hier an der Spitze der Halbinsel durch Verdunsten Meersalz gewonnen; heute sind von der Anlage nur noch die Überreste des Salzlagers und eine kleine Kapelle erhalten geblieben. Demnächst soll hier ein naturkundliches Museum entstehen. Vor den paar Häusern des zur Gemeinde Lefkími gehörenden Weilers (50 Ew.) erstreckt sich ein etwa 300 m langer, ganz flach abfallender Sandstrand ohne viel Bade-

Lefkími

Am kleinen Fluss ist Lefkími am schönsten

betrieb. Besonders schön ist Alikés zur Zeit des Sonnenuntergangs und am Abend. Dann funkeln in der Ferne die Lichter der Küstenorte, dreier Bergdörfer und vorüberfahrender Schiffe. Im Mai blinken dazu die Glühwürmchen an Land und über dem Wasser.

Gut essen und einfach wohnen kann man im **Hotel Petrákis Beach** direkt am Strand (Tel. 26620-23275, ganzjährig, DZ im Mai ab ca. 20 €, im August ab ca. 30 €, Hauptgerichte 5–8 €). Die Pension bietet neun einfache, aber klimatisierte Zimmer mit Balkon über der

Liapádes

Korfu romantisch: lange Sonnenuntergänge am Meer

gleichnamigen Taverne. Zimmer 1 und 2 haben frontalen und seitlichen Meerblick. Vor dem preiswerten Restaurant stehen ein paar Liegen und Sonnenschirme, ansonsten ist es hier herrlich ruhig.

Liapádes (B 4)

Das etwa 2 km abseits der Küste gelegene, noch sehr ursprüngliche Liapádes (700 Ew.) könnte einen der schönsten Dorfplätze der Insel besitzen, wenn er nicht häufig voll geparkt wäre. Obwohl er 1998 neu gepflastert wurde, strahlt er mit seinen fünf Kaffeehäusern, dem typischen Kiosk und der Kirche noch viel traditionelle Atmosphäre aus. Autos von Urlaubern sollten auf jeden Fall vor dem Dorf bleiben! Wichtigstes Transportmittel in den Gassen abseits der Hauptstraße ist hier noch immer der Esel. Unterkünfte gibt es im Dorf nicht; sie liegen an der Straße, die zum Ortsstrand hinunterführt.

Freizeit & Strände

Liapádes Beach: Der Ortsstrand ist nur etwa 150 m lang, ein zweiter kleiner Strand ist von hier aus in etwa 5 Min. zu Fuß zu erreichen. Mit führerscheinfreien Motorbooten kann man etwa 15 weitere Strände an der weiten Bucht Paleokastrítsas ansteuern.
Motorboote mit Platz für bis zu 6 Personen und 8–30 PS werden stunden- und tageweise am Strand vermietet.

Elly Beach: Direkt am Strand, Tel. 26630-41 455, Fax 26630-41 479, Fremdbeschreibung bei www.globel.de, DZ im Mai 50–80 €, im August ab 100 €.

Das einzige Hotel weit und breit unmittelbar am Beach, 2 Pools, alle 90 Zimmer irgendwie mit Meerblick.
Liapades Beach: An der Straße zum Strand, 45 Zimmer, Tel. 26630-41 294, Fax 26630-41 115, Fremdbeschreibung bei www.globel.de,
DZ im Mai ab ca. 30 €, im August ab ca. 60 €.
Familiär geführtes, etwa 100 m vom Strand entferntes Hotel mit Pool, 1500 m vom Ort und der Bushaltestelle entfernt.

The Cricketer: An der Straße zum Strand gegenüber dem

Makrádes

Hotel Liapades Beach,
tgl. ab 9 Uhr,
Hauptgerichte 6,50–12 €.
Traditioneller Treff der hiesigen Cricket-Teams der Insel und ihrer internationalen Gäste. Sehr gute Küche, gute Weine, zig Cocktails.

Voyager Travel: An der Straße zum Strand,
Tel. 6936-20 8911,
voyager-corfu@winweb.gr.
Kleines Büro, in dem die deutsche Mitarbeiterin Jutta gern und kompetent Auskunft gibt. Gute Website: www.liapades.de.

Busverbindung mit Kérkira 2 x täglich.

Makrádes (A 3)

Das kleine, mit dem Nachbardorf Kríni zusammengewachsene Bergdorf ist Korfus Zentrum der Kräutersammler. Kräuter und Olivenholzschnitzereien werden in Tavernen und Läden am Straßenrand angeboten. Auf eine Unsitte mancher Dorfbewohner sollte man nicht reagieren: Manche stehen am Straßenrand und winken, geben Auskunftsfreude vor – und wollen doch nur Kräuter verkaufen.

Messongí & Moraítika

Colombo: An der Hauptstraße im Dorfzentrum, Hauptgerichte 5,50–9 €.
Wie ein Volkskundliches Museum eingerichtete Taverne mit traditioneller korfiotischer Küche und vielen Gerichten vom Holzkohlengrill. Wirt Kóstas bereitet das leckerste Zicklein-Stifádo der Insel zu, serviert dazu erstklassige Salzkartoffeln mit etwas Olivenöl und Oregano. Am Rande des Lokals verkauft seine Tochter Athína korfiotischen Wein und Öl, aber auch süße Spezialitäten aus ganz Hellas, darunter schwarze, unreif geerntete und in Sirup eingelegte Walnüsse von der Halbinsel Pílion.
Sunset: 150 m von der Hauptstraße an der Straße nach Angelókastro, Hauptgerichte 6,50–10 €.
Schöne Aussichtsterrasse, besonders zum Sonnenuntergang.

Busverbindung mit Kérkira 2 x tgl.

Highlight 8

Angelókastro (A 4): Von Makrádes führt eine Asphaltstraße durch Kríni bis an den Fuß des 300 m hohen Burgbergs; von dort wandert man in etwa 10 Min. hinauf,
Mai–Okt. Di–So 8–20 Uhr,
Eintritt frei.
Ihre Ursprünge liegen im 12. oder 13. Jh., seit dem 18. Jh. verfiel die Burg. In Zeiten der Belagerung konnte die Festungsanlage bis zu 3000 Menschen als Zufluchtsort dienen. Erhalten blieben die Außenmauern, eine Zisterne, einige in den Fels gehauene Gräber sowie eine Höhlenkirche und die Gipfelkapelle aus dem 18. Jh. Der Hauptgrund, dort hinaufzusteigen, ist die grandiose Aussicht.

Messongí & Moraítika (E 8)

Die beiden Urlaubsorte Messongí und Moraítika mit zusammen 800 Einwohnern werden durch einen ganzjährig Wasser führenden Fluss voneinander getrennt, dessen Mündung Fischer- und Ausflugsboote als sicheren Hafen nutzen. Während sich Messongí mit Hotels und Tavernen fast nur am Strand entlang erstreckt, gehört zu Moraítika auch ein am Berghang gelegenes, älteres Dorf, in dem man noch der Atmosphäre und Lebensweise des traditionellen Korfu nachspüren kann.

Sport & Strände
Die Kies- und Kieselsteinstrände sind lang, aber eher schmal; der von Moraítika ist nicht so dicht bebaut wie der von Messongí.
Tauchen: Nautilus Diving: Vor dem Hotel Messongí Beach, Tel. 26610-76 684, Fax 26610-76 682, lindsay@otenet.gr.
Wassersport: Alle Arten von Wassersport außer Tauchen werden am Strand von Moraítika vor dem Großhotel ›Messongí Beach‹ angeboten.
Mountainbike-Verleih bei Nik Rent-A-Bike in Messongí, Tel. 26610-75 977, und in Moraítika, Tel. 26610-75 520.

Ausgehen
Golden Beach Bar: Am Strand von Moraítika, Programm tgl. ab 22 Uhr, günstiges Preisniveau.
Inhaber Chrístos ist zugleich Moderator und Animateur. Jeden Abend bietet er ein anderes Programm, von der Elvis-Show bis zur Latino-Nacht, von griechischem Tanz bis zu Quiz und Gesellschaftsspielchen. Da lernen leichte Mädchen auch schon mal, auf einem Tisch zu tanzen, den ein starker griechischer Mann tanzend zwischen den Zähnen hält!

Messongí & Moraítika

Feste & Unterhaltung
14. August: Abends großes Kirchweihfest mit Musik und Tanz auf den beiden Dorfplätzen der nahen Binnensiedlung Chlomós.

75 Steps: Im Vorort Spíleo an der Straße von Messongí nach Chlómos, etwa 1800 m von der Flussbrücke entfernt,
Tel. 26610-75 028,
Fax 26610-75 071,
www.75steps.gr,
DZ im Mai ab ca. 35 €, im August 50 €.
Ruhige Lage, ca. 20 Gehminuten vom Strand, Panorama-Dachterrasse mit Restaurant und Bar.

Apollo Palace: Messongí, 235 Zimmer, Tel. 26610-75 433,
Fax 26610-75 602,
www.apollopalace-corfu.com,
DZ im Mai ab ca. 85 €,
im August ab 100 €.
Weitläufige Hotelanlage mit großem, gepflegtem Garten, die auf einer Seite an das Flussufer grenzt. Die Zimmer sind auf insgesamt 17 im Inselstil errichtete Gebäude verteilt. 2 Süßwasser-Pools, 1 Tennisplatz, Animation.

Bacchus: Am südlichen Strandende von Messongí, tgl. ab 12 Uhr, Hauptgerichte 6–13 €.
Strandtaverne mit erstklassiger Küche. Hier macht man sich mehr als anderswo auf Korfu auch bei Fleischgerichten Gedanken um schmackhafte Saucen. Lecker auch die Paprikaschoten, die mit verschiedenen Käsesorten interessant gefüllt werden.

Bella Vista: Am oberen Dorfrand von Moraítika, von der Hauptstraße ausgeschildert, tgl. ab 12 Uhr,
Hauptgerichte 6–12 €.
Einfache Dorftaverne, das Plus ist die Aussichtsterrasse mit Panoramablick.

75 Steps: Im Weiler Spíleo am Hang über Messongí, etwa 20 Gehminuten vom Strand entfernt, tgl. ab 9 Uhr, Hauptgerichte 6–12 €.
Dorftaverne mit Aussichtsterrasse, von der man die ganze Küste überblickt. Hier kann man in gastfreundlicher Atmosphäre gut bei einem Gläschen Hauswein den Sonnenuntergang genießen. Auch Zimmervermietung.

Tássos Village Taverna: An einer Gasse 30 m unterhalb der Platía im alten Ortszentrum von Moraítika, tgl. ab 18 Uhr, Hauptgerichte 7–15 €.
Wer auf der kleinen Terrasse der Taverne einen Platz ergattern will, muss gleich bei Öffnung da sein oder längere Wartezeiten in Kauf nehmen. Belohnt wird man mit den wohl besten Lamm- und Schweinekoteletts der Insel und Fisch aus eigenem Fang. Großvater Tássos hält den Grill unter Kontrolle, den Service erledigen seine Söhne und Schwiegertöchter.

The Village Taverna: Mitten im alten Dorf Moraítika, tgl. ab 18 Uhr, von der Hauptstraße aus ausgeschildert, Hauptgerichte 6–15 €.
Taverne mit traditioneller griechischer Kost, blumengeschmückten Terrassen im Erdgeschoss und auf dem Dach.

Busverbindung mit Kérkira Mo–Sa 18 x tgl., So 7 x, außerdem 3 x tgl. mit Lefkími und mehrmals täglich mit Kávos.

Ziele in der Umgebung
Boukári (F 8): Schon entlang der etwa 5 km langen, schmalen Küstenstraße von Messongí nach Boukári liegen zahlreiche gute Fischtavernen am Wegesrand. Die beste wartet dann am Ziel, direkt am kleinen Fischerbootsanleger von Boukári: die Taverne von Spíros Karídis, seines Sohn Ákis und dessen deut-

87

Messongí & Moraítika

scher Partnerin Miriam aus Köln. Spezialität des Hauses ist *bourdétto*, das es hier auch in einer milden Version als *bourdétto bianco* gibt. Für den Rückweg kann man sich bei Bedarf ja ein Taxi bestellen.

Episkopianá (E 7): Beim Spaziergang oder der Fahrt hinauf in das kleine Bergdorf hat man einen guten, wenn auch nicht schönen Blick auf die Hotelansiedlungen von Messongí-Moraítika. Das Dorf selbst ist noch recht ursprünglich; es gibt zwei einfache Kafenía.

Chlomós (F 8): Das auf 300–350 m Höhe gelegene Bergdorf hat noch besonders viel alte Bausubstanz bewahrt. Von der Taxiarchen-Kirche am oberen Dorfrand blickt man auf ein Meer von alten Ziegeldächern hinunter. Beim Bummel durchs Dorf erkennt man viele Torbögen, Türstürze und Fensterwandungen aus venezianischer Zeit. Wie für korfiotische Dörfer üblich, gibt es keinen markanten, großen Dorfplatz wie auf den Inseln der Ägäis, sondern nur zwei kaum merkliche Gassenerweiterungen im unteren Dorf, die hier als ›Platía‹ bezeichnet werden. An der oberen sind abends zwei Kafenía geöffnet, an der unteren gar nur eins – ein deut-

Mirtiótissa

**So liegt man richtig:
Badebucht bei Nissáki**

Highlight 9
Mirtiótissa (C 5)

Mirtiótissa ist ein kleines Paradies. Es besteht aus einem alten Kloster, an dem Korfus einzige Bananen wachsen, einer urigen Taverne und mehreren feinsandigen Stränden, an denen außerhalb der Hauptsaison auch nackt gebadet wird. Eine schlechte, aber von kleinen Pkw befahrbare Piste führt vom Binnendorf Vátos bis zum Kloster, ein Fußweg von dort auch weiter bis nach Érmones.

Sehenswert
Kloster Panagía Mirtiótissa: Unregelmäßig geöffnet, Spende erwartet.
Das Kloster ist kunsthistorisch bedeutungslos, bezaubert jedoch durch seinen Garten und seine Lage. Orthodoxe Gläubige verehren hier eine als wundertätig geltende Marienikone, die der Legende nach in einem Myrtenstrauch gefunden wurde – daher der Name des Klosters.

licher Unterschied zu anderen Teilen Griechenlands. Etwas essen kann man hier in der **Taverne Sirtaki** am Dorfeingang kurz vor dem Parkplatz. Ihre Fassade ist mit Blumen geschmückt, die Aussichtsterrasse auf der Rückseite bietet einen Blick über das ganze Dorf bis hin zum gebirgigen Festland und dem dortigen Hafenstädtchen Igoumenítsa. Mindestens ebenso schön sitzt man auf der anderen Seite des Dorfes in der **Taverne Balís** auf mehreren Terrassen mit Meerblick. Beide Tavernen sind täglich ab 10 Uhr geöffnet, Hauptgerichte 5–10 €.

Sport & Strände
Mirtiótissa Beach: Schatten findet man unter zu mietenden Sonnenschirmen und hinter einigen großen Felsbrocken auf dem Strand. In der vor- und Nachsaison ist der Strand besonders idyllisch, im Juli und August kann er leider völlig überfüllt sein.

Feste & Unterhaltung
14./15. Aug., 23./24. Sept.: Kirchweihfeste mit Musik und Tanz am Vorabend, Gottesdienst und gemeinsames Essen am nächsten Morgen.

Nissáki/Paleokastrítsa

Bella Vista: Die Küche ist nur zwischen Mai und September in Betrieb, Hauptgerichte 5–9 €. 20 Jahre alte Taverne mit dem Werbeslogan ›Griechische Küche, griechische Aussicht‹. Wirtin Pagona spricht etwas Deutsch.

Busverbindung nur bis Glifáda Mo–Sa 7 x tgl., So 5 x; von dort ca. 30 Min. steiler, etwas rutschiger Fußpfad.

Nissáki (E 3)

Die Ortschaft (350 Ew.) am Hang des Pantokrátor ist vor allem eine Feriensiedlung mit über 1200 Fremdenbetten. Baden kann man hier nur von den Küstenfelsen oder ganz winzigen Kiesbuchten aus.

Nissaki Beach: Am nördlichen Ortsrand, Zufahrt ausgeschildert, 239 Zimmer, Tel. 26630-91 232, Fax 26630-22 079, www.nissakibeach.gr, DZ mit Halbpension im Mai ab ca. 55 €, im August ab ca. 90 €.
Das Hotel liegt ruhig direkt am einzigen größeren Strand von Nissáki, etwa 2,5 km vom Dorfzentrum entfernt. Meerwasser-Pool, Tennisplatz, Minigolf, Fitnessraum, Fahrradvermietung, Wassersportzentrum, Kinderbetreuung. 1x tgl. kostenloser Hotelbus-Service nach Kérkira.

Mitsos: Direkt am Meer neben dem kleinen Fischerhafen des Ortes. Hauptgerichte 6–10 €. Alteingesessene Taverne. Süße Spezialität des Hauses ist eine leckere Zitronentorte, *lemon pie* genannt.

Paréa: Unmittelbar oberhalb des kleinen Fischerhafens, www.corfu-nissaki-parea.eu, Hauptgerichte 5,50–13 €, 1 l Hauswein vom Fass 8 €, gemischte Vorspeisen für 2 Personen 12 €.
Níkos Papádis und seine aus Leipzig stammende Frau Ulla schaffen bei dezenter Musik und bestem griechischen Essen eine Atmosphäre, die auch Griechen schätzen. Eine Spezialität sind kreative Salate. Der Blick von der Terrasse reicht von Albanien bis zur Inselhauptstadt.

Busverbindung mit Kérkira und Kassiópi Mo–Sa 6x, So 1x tgl. Der Bus nach Kassiópi hält auch an der Stichstraße nach Agní.

Ziele in der Umgebung

Agní (E 3): Drei Anleger ragen vom schmalen, nur etwa 150 m langen Kieselsteinstrand aus ins Wasser. An jedem Anleger liegt eine Taverne, im grünen Tal dahinter stehen einige Pensionen, die fest in der Hand britischer Reiseveranstalter sind. Die Hauptstraße mit der nächsten Bushaltestelle ist ca. 1500 m entfernt.

Highlight 10
Paleokastrítsa (B 4)

Paleokastrítsa, Korfus meistbesuchter Ausflugsort, ist kein Dorf mit deutlich erkennbarem Kern, sondern eine ausgedehnte Feriensiedlung mit zahlreichen Hotels, Pensionen und Tavernen, die weit verstreut zwischen alten Olivenbäumen liegen. Sie verteilen sich an den grünen Hängen und an den vielen kleinen Buchten, die die Uferlinie der großen Bucht von Paleokastrítsa bilden. Ein Bummel durch den Ort wird so

Paleokastrítsa

Wohnen wie ein venezianischer Edelmann

In venezianischen Zeiten hatten die meisten Edelleute außer einer Wohnung in der Stadt auch einen Gutshof auf dem Lande. Solch ein Gutshof aus dem 16. Jh. bildet auch den Kern des Hotels Fundana Villas, das absolut ruhig im Inselinnern südöstlich von Paleokastrítsa liegt. Der gut Deutsch sprechende Inhaber Spíros Spathás hat hier zehn Studios und Apartments geschaffen. Es gibt ein eigenes kleines Museum, einen Grillplatz und einen Pool mit weitem Blick in die Landschaft; einmal wöchentlich unternimmt der Inhaber mit seinen Gästen eine Wanderung durch die liebliche Landschaft dieser Region.
Hotel Fundana Villas: An der Straße von Paleokastrítsa nach Gouviá, am Hinweisschild rechts ab (Tel. 26630-22 532, Fax 26630-22 453, www.fundanavillas.com, DZ Ü/F im Mai ab ca. 60 €, im August ab ca. 75 €).

leicht zu einem kilometerlangen Spaziergang. Um all die Strände der Bucht zu erkunden, mietet man am besten ein Motorboot.

Sehenswert

Kloster Panagía Theotókos tis Paleokastrítsas: An der Spitze der grünen Halbinsel zwischen Ambeláki- und Spíridon-Bucht, tgl. 7–13 und 15–20 Uhr.

Hoch über dem Meer thront das blendend weiße Männerkloster der Panagía Theotókos tis Paleokastrítsas (Allheilige Gottesgebärerin von Paleokastrítsa). Es wurde zwar schon 1228 gegründet, seine heutigen Gebäude stammen jedoch aus dem 18. Jh. Mit seinem von Stützbogen überspannten Laubengang, dem Blumenreichtum und dem blitzsauberen Zellentrakt rund um den kleinen Innenhof ist es sicherlich das romantischste der korfiotischen Klöster. In den Brunnen im Hof werfen Pilger und Touristen Münzen – das soll Glück bringen. In der Kirche mit einer bemalten Flachdecke sind zwei Ikonen aus dem Jahr 1713 im Stil der Ionischen Malschule besonders bemerkenswert. Sie stellen in je vier Feldern Szenen aus der Schöpfungsgeschichte dar. Im kleinen Klostermuseum sind weitere Ikonen aus dem 17.–19. Jh., eine Bibel aus dem 13. Jh. und das Gästebuch des Klosters ausgestellt, in das sich 1909 der deutsche Kaiser Wilhelm II. und 1985 der ehemalige US-Präsident Jimmy Carter eintrugen.

Sport & Strände

Die Kiesstrände an den drei Hauptbuchten **Ambeláki, Spíridon und Alípa** sind vom Parkplatz vor der Auffahrt zum Kloster aus leicht erreichbar; Alípa ist aber zugleich auch der Hafen des Ortes.

Zu Fuß erreichbare Strände liegen auch unterhalb der **Großhotels Akrotiri Beach und Paleokastrítsa.** Zu weiteren Stränden gelangt man mit den Badebooten, die am Ortshafen in der Alípa-Bucht starten.

Tauchen: Korfu Diving Rolf Weyler: Ambeláki-Bucht, Tel./Fax 26630-41 604, www.korfudiving.com, und Corcyra Dive Club: an der Hafenbucht, Tel./Fax 26630-41 206, www.corfuxenos.gr.

Wassersport: Zahlreiche Angebote vom Tretboot (Pedalos) bis zu Parasailing und Wasserski an mehreren Stränden.

Paléo Políthia

Ausgehen
La Grotta Bar: Kleine Musikbar in einer winzigen Bucht, direkt am Meer unterhalb des Hotels Paleokastrítsa.
Mistral: An der Hauptstraße etwas oberhalb des Hafens. In Ermangelung einer Disco der Musik-Spot im Ort.

Feste & Unterhaltung
15. August: Stark besuchter Gottesdienst zum Marienfest Kímissis Theotokoú am Morgen im Kloster mit anschließendem Feiern in verschiedenen Tavernen.

🛏 **Apollon:** An der Bucht kurz vor der Auffahrt zum Kloster, Tel./Fax 26630-41 211, www.corfu-apollon-hotel.com, DZ im Juni ab ca. 50 €, im August ab ca. 65 €.
43 Zimmer in zwei Gebäuden, eins laut, eins ruhiger gelegen. Wirt Spíros spricht fast ebenso gut Englisch wie sein britischer Partner Craig.
Odysseus: An der Hauptstraße, 65 Zimmer, Tel. 26630-41 209, Fax 26630-41 342, www.odysseus hotel.gr, DZ im Mai ab ca. 50 €, im August ab ca. 65 €.
Viele Zimmer und Poolterrasse mit schönem Blick aufs Meer. Einzelzimmer zur Landseite ohne Balkon.
Akrotiri Beach: An der Hauptstraße, 127 Zimmer, Tel. 26630-41 237, Fax 26630-41 277, www.akrotiri-beach.com, DZ im Juni 110 €, im August 145 €.
Fünfgeschossiges Hotel auf einer Landzunge zwischen zwei Buchten oberhalb eines Kiesstrandes. 2 Pools, 2x wöchtl. kostenloser Hotelbus nach Kérkira.

🍽 **Acapulco:** am Ortseingang an der Hauptstraße ausgeschildert, Snacks unter 5 €.
Garten- und Terrassenlokal in fantastischer Lage hoch über der Bucht, Pool, einfache Snacks und sehr gute Omelettes, Einstiegshilfe ins Meer.
Belvedere: An der Hauptstraße gegenüber dem Hotel Odysseus, Hauptgerichte 6–10 €.
Modernes Restaurant und Cocktail-Bar mit schöner Aussichtsterrasse; die Speisekarte bietet wirklich große Auswahl. Hier sorgen drei Generationen der Familie Michálas nicht nur für guten, sondern auch für einen stets fröhlichen Service.
Nereid: An der Hauptstraße, 200 m unterhalb vom Hotel Akrotiri Beach, tgl. ab 12 Uhr, Hauptgerichte 6–10 €.
Große Auswahl an griechischen Spezialitäten, viele frische Gemüse, auch vegetarische Gerichte und preiswerter Fisch.

🔄 **Busverbindung** mit Kérkira Mo–Sa 7 x tgl., So 6 x; mit Lákones und Makrádes 2 x tgl.

Highlight 11
Paléo Políthia (D 2)

Paléo Políthia, zu Deutsch Alt-Políthia, ist das Bilderbuchdorf der Insel. Es ist der einzige Ort auf der Insel, in dem kein Neubau den venezianischen Charakter der Architektur stört. Bis ins Jahr 1997 hinein war das Dorf ganz verlassen, nur eine Taverne war tagsüber in Betrieb. Jetzt kehren in den Sommermonaten einige Bewohner zurück, um hier zeitweise zu wohnen. Neubauten sind allerdings heute verboten, sodass Paléo Políthia seinen historischen und landschaftlichen Reiz erfreulicherweise behalten darf.

Pantokrátor

Auf Serpentinen zum Ingwerbier

Eine der schönsten Panoramastraßen Korfus führt von Áno Korakiána (C3) nach Sokráki (C3) hinauf. Man kann sie in seine Routenplanung zwischen Acharávi und Kérkira oder zwischen dem Inselsüden und dem Pantokrátoras mit einbeziehen. Zunächst genießt man einen herrlichen Blick über die alten Ziegeldächer von Áno Korakianá und auf seine üppig grüne Umgebung. Dann windet sich die sehr schmale, oft nur einspurige Straße fast wie das Gewinde eines Korkenziehers den steilen Hang hinauf. An den wenigen Stellen, wo man halten kann, eröffnet sich ein Blick über weite Teile Zentralkorfus. In Sokráki angekommen, lässt man seinen Wagen am besten am Dorfrand stehen und geht ein paar Schritte zu Fuß zu den beiden Dorfplätzen. Hier wird überall *tsisimbíra* (engl.: *ginger beer*) angeboten, eine in ganz Griechenland einzigartige Limonade. Sie wird nur noch von einer kleinen Fabrik auf Korfu hergestellt. Sie ist völlig alkoholfrei, besteht aus Zitronensaft, Ingwer, Zucker und Wasser. Wer sie trinkt, trägt zum Erhalt einer kulinarischen Besonderheit der Insel bei und hat auf jeden Fall ein überschäumendes Erlebnis: Beim Öffnen der Flasche kommt es fast immer zu einer kleinen Explosion.

Man kann zwischen Ruinen, verfallenden und restaurierten Häusern herumspazieren, zu kleinen Kirchlein wandern und auf dem Dorfplatz in mittlerweile zwei Tavernen (Hauptgerichte 5–8 €) im Hochsommer bis Mitternacht und sonst zumindest tagsüber essen. Wer kein Fahrzeug gemietet hat, muss allerdings nach Paléo Períthia wandern: Busse fahren nur bis ins 5 km entfernte Dorf Loútses.

Linienbusse zwischen Loútses und Kassiópi Mo–Sa 5x täglich, So 1x.

Highlight 12

Pantokrátor (D 2)

Mit einer Höhe von 906 m ist der Pantokrátoras der höchste Berg der Insel. Mit einem Fernsehmast und Antennen auf dem Gipfel ist er nicht gerade eine Schönheit, aber des Fernblicks wegen lohnt die Fahrt hinauf allemal (s. Tour 3, S. 112).

Sehenswert

Pantokrátoras-Kloster: Von Ende März bis Ende Oktober wird das Kloster, das innerhalb des eingezäunten Antennengeländes liegt, von einem Priester bewohnt und ist dann tagsüber frei zugänglich. Ältestes erhaltenes Gebäude des schon 1347 gegründeten Klosters ist die Kirche aus dem späten 17. Jh. Sie wurde zu Beginn des 21. Jh. gründlich renoviert, die rußgeschwärzten Fresken im Inneren wurden gereinigt. Bemerkenswert: Fast alle Ikonen an der Ikonostase sind hier mit Silberoklad bedeckt.

Feste & Unterhaltung

5./6. August: Kirchweihfest anlässlich der Verklärung Christi. Die Pilger übernachten in den einstigen Klosterzellen.

Ein **Kiosk** auf dem Gipfel verkauft Erfrischungen und Snacks.

Paramónas

Gut essen kann man im **Oásis** unter einer 200 Jahre alten Ulme auf dem Dorfplatz des nahen Bergortes Strinílas.

Busverbindung nur bis zur Abzweigung von der Straße Spartilás – Sgourádes, 3 x tgl. ab Kérkira

Paramónas (D 7)

Die zum 3,5 km entfernten Dorf Ágios Matthéos gehörende Bucht mit einem etwa 300 m langen Sandstrand eignet sich als Ferienort vor allem für Urlauber, die Ruhe suchen. Um mehr von der Insel zu sehen, sollte man aber ein Fahrzeug mieten, am besten am Flughafen, denn im Ort gibt es nur eine Fahrradvermietung.

Sun-Set: Am Strand,
Tel. 26610-75149,
DZ im Mai 20 €, im August 26 €.
Eine einfache Pension mit sechs Zimmern über der gleichnamigen Taverne, es gibt nur Etagenduschen und -toiletten.
Paramonas: 30 m vom Strand,
25 Zimmer,
Tel. 26610-76595,
Fax 26610-75686,
DZ im Mai 35 €, im August 50 €.
Dreistöckiges Haus, alle Zimmer verfügen über einen Balkon und haben Meerblick.

Busverbindung nur von/bis Ágios Matthéos, mit Kérkira 4 x täglich. Im Hochsommer verkehrt mehrmals täglich ein kostenloser **Gemeindebus** zwischen Paramónas und Ágios Matthéos.

Ziele in der Umgebung

Ágios Matthéos (D 7): Das große Bergdorf, in dem etwa 1500 Einwohner leben, liegt am Hang eines von dichten Olivenwäldern bestandenen Hochtals und ist noch sehr traditionell. Zwischen November und März arbeiten hier noch mehrere Olivenpressen.

Kloster Pantokrátoras (D 8): Am Ortsrand von Ágios Matthéos in Richtung Messongí weist ein nur griechisch beschrifteter Wegweiser zum Kloster Moní Pantokrátoras auf dem teilweise dicht bewaldeten Prasoúdi-Berg. Die Piste hinauf befährt man besser nur mit dem Jeep oder der Enduro. Das heute unbewohnte Kloster soll schon im 4. Jh. gegründet worden sein. Das Kirchweihfest ist am 6. August.

Pension für Familien in Paramónas

Die Pension Skála liegt in einem der schönsten privaten Gärten Korfus. Sogar Bananen reifen hier. Inhaber Lábis und seine Frau Sofía sind aber nicht nur Blumen-, sondern auch Kinderfreunde und haben außer an Hängematten für die Erwachsenen auch an Spielgeräte für die Kinder gedacht. Frühstück gibt es den ganzen Tag über, mit Mutters Marmeladen aus selbst angebauten Früchten. Das gute Restaurant-Essen können auch Gäste genießen, die nicht hier wohnen. Seit 2007 gibt es auch einen Pool.
Skála: Paramónas, unterhalb der Straße nach Gardíki, Tel. 26610-75032 und 26610-75108, ganzjährig geöffnet, 6 Studios, 2 Apartments, auch mit Halbpension buchbar, Airport-Transfer kostenlos.

Traveller-Treff in Pélekas

Rucksackreisende aus aller Welt, die auf einen Strand unmittelbar vor der Zimmertür verzichten können, zieht es schon seit Jahrzehnten nach Pélekas. Trotz der vielen Lokale an der Hauptstraße hat sich das Dorf noch ein wenig Ursprünglichkeit bewahrt. Große Hotels gibt es hier oben überhaupt nicht, man wohnt bei Privatvermietern in einfachen Zimmern oder schlichten Studios. Familien und ›typische‹ Pauschaltouristen sieht man höchstens am Sunset Point, ansonsten gehört der Ort der Jugend. Entsprechend kommunikativ geht es zu; für britische Hooligans ist jedoch kein Platz. Strandfans mieten sich eine Vespa, laufen eine halbe bis volle Stunde zu den verschiedenen Stränden oder nehmen im Hochsommer den kostenlosen Gemeindebus dorthin.

Pélekas (C 5)

Das Bergdorf Pélekas liegt am Hang eines Hügels, auf dessen Kuppe schon Kaiser Wilhelm II. gern den Sonnenuntergang bewunderte. Früher hieß der Fels, auf dem er saß, deshalb auch ›Kaizer's Throne‹. Die Straße hinauf ist längst asphaltiert, mit des Kaisers Einsamkeit dort oben ist es längst vorbei. Unmittelbar neben dem Felsbrocken steht jetzt ein sehr gutes Hotel mit Restaurant und Panorama-Terrasse, von der aus sich der Sonnenuntergang mit einem Stück leckeren Kuchens oder einem Cocktail in der Hand genießen lässt. Weitere Sehenswürdigkeiten hat der Ort nicht zu bieten. Trotzdem ist Pélekas das korfiotische Bergdorf mit den meisten Tavernen, Bars und Übernachtungsmöglichkeiten.

Sport & Strände

Kontogiálos (C 6): Den oft auch Pélekas Beach genannten Strand, zu dem eine Asphaltstraße hinunterführt, erreicht man in etwa 30 Gehminuten. In seinem Zentrum steht jedoch eine große Hotelanlage, sodass hier im Hochsommer sehr viel Betrieb herrscht. Dafür gibt es eine Reihe von Wassersportangeboten.

Glifáda (C 5): An der zur Gemeinde Pélekas gehörenden Bucht mit etwa 700 m langem, breitem Sandstrand stehen die beiden Großhotels **Louis Grand Hotel Glifada** und **Menigos Club.** Dadurch gibt es hier zwar ein gutes Wassersportangebot, aber keinerlei Romantik mehr. Wer die sucht, beschreitet den Fußweg hinüber nach **Mirtiótissa** (s. S. 89). Er beginnt hinter der letzten Taverne am Nordrand des Strandes.

Feste & Unterhaltung

22./23. August: Kirchweihfest mit Musik und Tanz.

Tellis and Brigitte: im Zentrum nahe der Hauptstraße (dort ausgeschildert), Tel. 26610-94326, www.pelekas.com/ads/pension-martini, DZ die ganze Saison über 25–30 €.
Kleine, sehr familiär vom österreichisch-griechischen Vermieterpaar geführte Pension mit 8 Zimmern. Gelegentlich gemeinsames Grillen im Garten, spezielle Rabatte für Wanderer auf dem ›Corfu Trail‹ (s. S. 30).
Thomás: An der Straße zu Kaizer's Throne, Tel. 26610-94491, Fax 26610-95190,

Perivóli/Perouládes

DZ im Mai ab ca. 32 €,
im August ab ca. 42 €.
Pension mit einfachen Zimmern mit Kühlschrank und Balkon.
Levant: Auf dem Gipfel des Hügels (Wegweiser ›Kaizer's Throne‹ folgen), 24 Zimmer, Tel. 26610-94 230, Fax 26610-94 115, www.levanthotel.com, DZ im Mai ab ca. 45 €,
im August ab ca. 75 €.
Die großen Zimmer haben alle Balkon und Zentralheizung; wahlweise blickt man auf West- oder Ostküste, auf Sonnenauf- oder -untergang. Kleiner Pool im Garten, exzellentes Restaurant. Von der Hotelterrasse aus können auch Nicht-Hotelgäste den Sonnenuntergang bei einem Drink genießen.

Feste & Unterhaltung
Internationales Graffiti- und Streetbeat-Festival: Alljährlich je eine Woche im Juli und August mit vielen Live-Konzerten, Gast-DJ's, Graffiti-Künstlern und Jongleuren. Die Graffitis bedecken zahlreiche Betonmauern an den Zufahrtsstraßen nach Pélekas und im Dorf selbst. Infos unter www.paf.gr und www.pelekas-streetbeat.com.

Stadtbus Nr. 11 Mo–Fr zwischen 7 und 20.30 Uhr 9 x tgl., Sa 7 x, So zwischen 10 und 21 Uhr 4 x.
Gemeindebus von Juni–Sept. mehrmals tgl. kostenlos zum Glifáda Beach, evtl. auch zum Pélekas Beach.

Perivóli (F/G 9)

Perivóli ist ein Binnendorf mit 1400 Einwohnern, zu dem auch die 2,5 km entfernte Sommersiedlung Agía Varvára gehört. Perivóli selbst ist ein noch recht unverfälschtes korfiotisches Dorf geblieben, im 2,5 km entfernten Agía Varvára wohnt man ganz in der Nähe von drei guten Stränden.

Sport & Strände
Strände: Einen kurzen, aber breiten Sandstrand besitzt **Agía Varvára** am linken Ufer einer Bachmündung. Am rechten Ufer beginnt der über 1 km lange **Marathiás Beach.** Er wird durch ein kurzes Stück Steilufer von der kilometerlangen Sandküste von **Ágios Geórgios Argirádon** (s. S. 43) getrennt. Ein weiterer einsamer Sandstrand liegt 2 km südwestlich des ursprünglichen Binnendorfs **Vitaládes** (G9): ideal für Strandläufer und Strandburgenbauer.

Auf beiden Seiten des Baches gibt es Tavernen und Unterkünfte. Ruhiger und landschaftlich schöner wohnt man jedoch in ›Santa Barbara‹, wo es noch viel ländlicher ist. Hier fühlen sich insbesondere Strandläufer und leidenschaftliche Spaziergänger wohl.
Socrates: 200 m vom Vitaládes-Strand, Tel. 26620-23153, www.corfuxenos.gr, DZ im Mai ab ca. 25 €,
im August ab ca. 30 €.
Zehn Studios und Apartments für bis zu vier Personen in ganz ruhiger Lage. Man braucht aber einen fahrbaren Untersatz, weil die Busse nur in Perivóli halten.

Busverbindung: Perivóli liegt an der Busstrecke nach Lefkími (s. S. 82).

Perouládes (A 1)

Anders als Sidári ist Perouládes bisher kaum touristisch erschlossen. Das Dorf liegt zwischen Feldern und Olivenhainen etwas abseits der Steilküste. Im Ort gibt es keine Tavernen und nur ein einziges, kleines, aber feines Hotel.

Sport & Strände

Longás Beach: Die Attraktion des Dorfes ist sein langer, schmaler Sandstrand unterhalb der Steilküste, zu dem man vom Restaurant Panórama aus über einen Treppenweg zu Fuß hinuntergehen kann.

Villa de Loulia: an der schmalen Ringstraße durchs Dorf, Tel. 26630-95 394, Fax 26630-95 145, www.villadeloulia.gr, DZ im Mai ab ca. 165 €, im August ab ca. 200 €.
2000 eröffnetes, stilvolles Hotel mit neun ganz unterschiedlichen Zimmern in einem Gutshof von 1803. Teilweise mit Antiquitäten eingerichtet, Garten mit Pool. Zum Strand geht man 10 Minuten.

Panórama: Am Ende der Stichstraße, die an der Treppe zum Strand endet, tgl. ab 10 Uhr, Hauptgerichte 6–10 €, Cocktails 5,50 €, Glas Wein 2,50 €.
Ob für einen Drink, einen Kaffee oder eine ganze Mahlzeit: Schöner kann man auf Korfu nirgendwo direkt über der Steilküste sitzen. Spíros ist fürs Restaurant zuständig, sein Bruder Jórgos steht hinter der Bar und legt vor allem Ethnik, Jazz, Chill und Griechen-Pop auf.

Busverbindung vom 3 km entfernten Sidári her.

Petríti (F 8)

Das zur großen Binnengemeinde Argirádes gehörende Küstendorf mit einem kleinen, noch recht aktiven Fischereihafen ist ein guter Standort für motorisierte Urlauber, die abseits jeglichen Massentourismus und doch am Meer wohnen wollen. Baden kann man an einigen wenigen, felsigen Plätzen und winzigen Sandstränden weiter südlich entlang der Bucht von Lefkími. Als Ausflugsziel locken zwei besonders schöne Tavernen an der Küstenstraße zwischen dem südlich von Petríti gelegenen Nótos und Kaliviótis.

Sport & Strände

Nótos Beach: 70 m langer, schmaler Sandstrand unter niedriger Steilküste am Rande eines uralten Olivenwaldes. Schwimmer und Schnorchler haben mit einem ganz nah vorgelagerten Felsinselchen ein Ziel für ihre Züge.
Kaliviótis Beach: Schmaler Sand-Kies-Strand neben der Uferstraße, schattenlos, wenig empfehlenswert.
Sávvas Beach: Winziger Kies- und Kieselsteinstrand unterhalb der gleichnamigen Taverne hinter Nótos Beach.

Régina: In Vasilátika, an der Straße zwischen Boúkari und Petríti, Tel. 26620-52 132,

> ## Spaziergang zum Kap Drástis
>
> Von Peroulades aus kann man einen der schönsten Spaziergänge auf Korfu unternehmen. Er dauert ca. 40 Minuten und führt durch unberührte Naturlandschaft fast bis ans Kap Drástis. Die Ausblicke sind atemberaubend schön; am Ende des Weges kann man von Felsschollen aus baden, wenn die See ruhig ist. Der auch befahrbare Feldweg beginnt an der Dorfschule und ist ausgeschildert.

Róda

Fax 26620-52 135,
www.regina-hotel.de,
DZ im Mai ab ca. 60 €,
im August ab ca. 70 €.
Sehr ruhig in ländlicher Umgebung gelegenes, familiär geführtes Hotel. Die 32 Zimmer liegen in vier eher niedrigen Gebäuden um den Pool. Zu den kleinen Stränden von Noúkari und Petríti läuft man etwa 15–20 Minuten: Der Hotelbus bringt die Gäste kostenlos an die Strände der Westküste und mehrmals wöchentlich auch in die Stadt.
Égrypos: Petríti, Tel./Fax 26620-51 949, im Winter 26620-51 934, www.egrypos.gr.
Apartment (für bis zu 4 Pers.) im Mai ab ca. 40 €, im August ab 52 € pro Tag, DZ inkl. Halbpension im Mai ab 290 € pro Woche, im August ab ca. 340 € pro Woche.
Gut geführte Pension mit großem, öffentlichen Pool samt Pool-Bar, gleich hinter dem Fischereihafen; 17 Zimmer und Apartments. Wirt Stéfanos Kourtésis spricht ebenso gut Deutsch wie sein Sohn Tóni und seine Schwiegertochter Karoúla. Sonderpreise für Aufenthalt ab eine Woche Dauer. Kinder werden besonders herzlich willkommen geheißen!

Panórama: In Nótos unmittelbar über dem Strand, tgl. ab 10 Uhr, www.panoramacorfu.gr, Hauptgerichte 6–9 €.
Gepflegte Taverne mit üppigem Garten direkt am Meer, kleiner Badestrand, Liegestühle für Gäste am Wasser und auf grünem Rasen im Naturschatten. Erstklassiges Rindfleisch-Stifádo, relativ scharfer Ziegenkäse tirokaftéri. Auch Apartmentvermietung (DZ 50 €).

Busverbindung nach Petríti 2x tgl., keine Linienbusse nach Nótos und Kaliviótis.

Róda (C 1)

Róda war bis etwa 1970 nur eine kleine Fischersiedlung. Heute ist es ein bedeutender Urlaubsort, in dem es aber ungleich ruhiger und angenehmer zugeht als im benachbarten Sidári. Der winzige historische Ortskern liegt direkt am Wasser. Von hier aus ziehen sich die neuen Häuser und Hotelanlagen der Siedlung landeinwärts bis zur Inselhauptstraße und nach Westen Richtung Sidári.

Sport & Strände
Wassersport: Vielerlei Angebote am Strand.
Fahrräder: Bei Sunriders an der Straße zwischen Ampelkreuzung und Ufer, Tel. 26630-63626. Auch Vermietung von Quads und Motorrädern.
Reiten: Costas Horse Riding, gut ausgeschildert nahe dem Meer westlich des Ortskerns, www.officialroda.com.

Ausgehen
Smiley's: an der Uferstraße unmittelbar östlich des Ortskerns,
Cocktails 3,10–4 €.
Pub und Snack-Bar mit schöner Dachterrasse, sehr günstige Preise.

Afrodíti: An der Uferstraße unmittelbar westlich des historischen Ortskerns,
Tel. 26630-63 103,
Fax 26630-63 125,
DZ im Mai ca. 40 €,
im August 50–60 €.
Schlichtes Hotel in zentraler Lage, Strand direkt auf der anderen Straßenseite.
Roda Beach Camping: Gut ausgeschildert, 700 m vom Strand,
Tel. 06630-63 120, Fax 26630-63 081,
www.rodacamping.gr,

Sidári

Bungalow für zwei Personen 18 €, für 3 Personen 24 €.
Einer der schönsten Campingplätze Griechenlands mit viel Baumschatten und großem Pool, Taverne, Bar, Gemeinschaftsküchen und Waschmaschinen. Vermietet werden einfache, sehr preisgünstige Bungalows ohne Dusche/WC. Geöffnet vom 15. April bis zum 15. Oktober.

Róda Inn: Im Zentrum der Uferpromenade unmittelbar westlich des historischen Ortskerns,
Tel. 26630-63358, DZ im Mai ab ca. 30 €, im August ab ca. 40 €.
Von zwei älteren, in Kanada beheimateten Griechinnen betriebenes, sehr leger geführtes Hotel mit gutem Preis/Leistungsverhältnis, nur 15 m vom Strand entfernt.

Crusoe's Pub: An der Ufergasse direkt im historischen Ortskern, Frühstück tgl. 9–17 Uhr, kleine Version 2,90 €, Riesen-Version 4,50 €.
Englisches Frühstück wird überall auf Korfu preisgünstig angeboten. In Róda sind die Frühstückspreise besonders niedrig. Für Mutige wird hier im Rahmen des Frühstücks ohne Aufpreis eine außergewöhnliche britische Spezialität serviert: Black Pudding. Kinder mögen ihn bestimmt nicht: Es handelt sich bei diesem Pudding um eine Art Blutwurst, gespickt mit Innereien aller Art!

Pánkalos: An der Uferstraße, tgl. ab 11 Uhr, Hauptgerichte 6–12 €.
Die Terrasse direkt am Wasser ist der Pluspunkt der Taverne, auch wenn das Essen wie überall in Róda nur durchschnittlich ist.

Busverbindung mit Kérkira Mo–Sa 4 x tgl., So 1 x. Mit Acharávi, Kassiópi, Sidári 4 x tgl.

Ziele in der Umgebung

Nímfes: Das Bergdorf liegt mitten im korfiotischen Hauptanbaugebiet für die Koumquat genannten Zwergorangen, die im März/April geerntet werden. Am nördlichen Dorfrand links der Straße von Róda her steht die **Kirche Stavroménos** (keine Innenbesichtigung möglich). Sie ist einer der eigenartigsten Bauten der Insel, ihre Form hat keinerlei Parallelen in der byzantinischen Architektur. Ihre östliche Hälfte gleicht einer ceylonesisch-buddhistischen Dagoba, erinnert entfernt an eine Käseglocke. Sie wird ins 17./18. Jh. datiert. Wer sie stiftete und entwarf, ist unbekannt. Vielleicht war es ein Kapitän oder Fernhandelskaufmann, der Ceylon bereist hatte. Geht man in Nímfes beim Brunnen vor der Schule den leicht ansteigenden Weg links hinauf und biegt dann rechts in den Schotterweg ein, gelangt man zum Dorffriedhof (gr.: *kimitírio*). Hier steht eine kleine Kapelle mit Freskenresten aus dem Jahr 1690.

Kloster Pantokrátoras: Geht man von der Kapelle etwa 2 Min. nach links ins Tal hinunter, erreicht man ein bereits seit 1930 verlassenes Kloster aus dem Jahr 1740 mit seiner noch gut erhaltenen, mittelalterlichen Olivenpresse. 5 Gehminuten weiter talabwärts stößt man an einer Quelle auf eine kleine Felsenkapelle, in der einst der Klostergründer als Einsiedler gelebt haben soll.

Sidári (B 1)

Sidári ist der lebhafteste Urlaubsort im Inselnorden, geprägt von britischen Urlaubern. Auf der Hauptstraße herrscht stets viel Betrieb. Ein Besuch lohnt nur wegen der hier beginnenden Steilküste mit vielen kleinen Badebuchten und wegen des Canal d'Amour. Dort kann

Sidári

man direkt parken, sodass man nach 30 Minuten schon wieder weiterfahren darf.

Sehenswert

Canal d'Amour: Eine der kleinen Buchten nordwestlich von Sidári trägt den Namen ›Kanal der Liebe‹ (Wegweiser an der Hauptstraße). Angeblich soll jedes Mädchen, das darin schwimmt und dabei an ihren Traummann denkt, ihn bald darauf ehelichen können.

Sport & Strände

Sidári bietet zweierlei Badeerlebnisse. Kilometerlanger Sand-Kiesstrand erstreckt sich gen Osten zum Kap Astrakerí hin. Gen Westen liegt die berühmte Steilküste: am Anfang kleine, noch zu Fuß erreichbare Sand- und Kiesbuchten zwischen den weißgelben Felsen, auf denen man sich ebenfalls gut sonnen kann.

Wassersport: Zahlreiche Angebote am Strand (Pedalos, Wasserski etc.). Besonders reizvoll ist es, mit einem Motor-

Sparterá

Korfu wie im Bilderbuch: Felsküste bei Sidári

andere Seite hat einen deutlich höheren Geräuschpegel.

Busverbindung mit Kérkira Mo–Fr 10 x tgl., Sa 8 x, So 1 x. Mit Róda, Acharávi und Kassiópi 4 x tgl.

Sparterá (H 10)

Das auf einem Hügel ganz im Süden der Insel gelegene Dorf ist vom Tourismus völlig unberührt.

Sport & Strände
Arkoudíla Beach: Ein befahrbarer Feldweg führt von Sparterá an die Küste hinunter, wo die langen Kiesstrände noch fast menschenleer sind. Dort gibt es weder Tavernen noch Liegestuhlvermieter.

Paradise: 500 m vor dem Ortsanfang aus Richtung Kávos,
Tel. 26620-61 150, kein Fax,
DZ im Mai ca. 25 €,
im August ca. 35 €.
Jánnis Liógas, seine Frau Marína und Sohn Spíros haben lange an dem schönen Haus gebaut, das hoch über der Küste am Waldrand liegt. In ihrem Restaurant bieten sie Fisch und Langusten vom eigenen Kaiki zu günstigen Preisen an; die 16 Zimmer haben alle einen großen Balkon. Man braucht allerdings ein Fahrzeug, um zu den nächsten Stränden zu gelangen.

oder Tretboot an der Steilküste entlangzufahren.

The Three Brothers: An der Dorfstraße im Ortszentrum, nahe dem Hafen, 40 Zimmer,
Tel. 26630-95333,
Fax 26630-95953,
DZ im Mai ab ca. 47 €,
im August ab ca. 60 €.
Gepflegtes Traditionshotel mit schöner Liegewiese. Relativ ruhig, wenn man in den Zimmern zur Meerseite wohnt, die

Busverbindung mit Lefkími, Messongí und Kérkira 3 x tgl., nur **Halbtagesausflüge** nach Kérkira möglich.

Ausflüge

Kleine weiße Kapelle auf Páxos

Diapontische Inseln

Im Norden und Nordwesten von Korfu liegen die drei winzigen, ständig bewohnten Inseln Eríkoussa (700 Ew.), Mathráki (300 Ew.) und Othoní (660 Ew.), die auf vielen Griechenland-Karten fehlen. Alle drei hatten im 20. Jh. stark unter der Abwanderung ihrer Bewohner zu leiden. Erst der zunehmende Wohlstand der Korfioten hat dazu geführt, dass dort wieder neue Häuser – meist als Sommerresidenzen – gebaut wurden. Ausländer übernachten dort kaum, auf Eríkoussa und Othoní gibt es jeweils nur ein kleines Hotel. Eríkoussa profitiert zudem etwas von Tagesausflüglern von den Orten an der Nordküste aus. Sehenswürdigkeiten gibt es nicht, doch sind Wanderungen reizvoll. Othoní ist mit seinen urwaldhaften Olivenwäldern die schönste der Inseln.

Sport & Strände

Sandstrände nahe den Anlegern auf Eríkoussa und Mathráki, beim Ort Othoní nur Kieselsteinstrand. Keine Wassersportangebote.

Locanda dei Sogni: Auf Othoní am Fähranleger, 8 Zimmer, Tel. 26630-71640, DZ ca. 35–50 €.

Im ›Gasthaus der Träume‹ geht es sehr leger zu. Die Gäste sind zumeist Italiener, die die familiäre Atmosphäre hier schätzen. Alle Zimmer haben Meerblick, zur Pension gehört ein Restaurant.
Eríkoussa: Auf Erikoussa in Pórto, Tel. 26630-71 555, im Winter 26610-30 162, DZ im Juni ab ca. 35 €, im August ab ca. 45 €.
Hotel (Ende Mai–Okt.) mit 20 Zimmern direkt am Sandstrand.

Tavernen gibt es auf allen drei Inseln.

Autofähre: Die kleine Autofähre ›Alexandros K II‹ fährt bis zu 3 x/Woche ab Kérkira zu allen drei Inseln: Di um 7.30 Uhr, Rückfahrt sofort nach Ankunft; Fr 16 Uhr, Rückfahrt ab Othoní Sa 9 Uhr; So 9 Uhr, 3 Std. Aufenthalt auf Othoní, Rückfahrt um 17 Uhr. Der aktuelle Fahrplan hängt am Liegeplatz des Schiffes an der Uferstraße in Kérkira zwischen Altem und Neuem Hafen aus (nur auf Griechisch).
Bootsausflüge nach Eríkoussa fast tgl. im Wechsel ab Sidári, Róda, Acharávi und Kassiópi (Dauer der Überfahrt etwa 60 Min., auch Einweg-Fahrten möglich). Auskunft in den örtlichen Reisebüros. Nach Mathráki und Othoní sind nur gelegentlich Ausflüge ab Sidári und Ágios Stéfanos Avliotón möglich.

Ausflüge

Páxos (J/K 11/12)

Páxos ist nicht nur ein Ziel für einen Tagesausflug (s. Tour 5, S. 116). Man kann hier auch mehrere Urlaubstage verbringen.

Feste & Unterhaltung

1. Septemberhälfte: Páxos Chamber Music Festival, Konzerte junger Künstler in Gáios, Lákka und Longós.

Zimmervermittlungen: Als Individualreisender auf Páxos ein Zimmer für nur eine oder einige wenige Nächte zu finden ist schwer, da nahezu alle in der Hand von ausländischen Reiseveranstaltern bzw. deren einheimischen Agenturen auf der Insel sind. Wer nicht zufällig am Anleger von einem Vermieter angesprochen wird, wendet sich darum am besten an die Agenturen, die immer wissen, wo noch eine Unterkunft frei ist. Für Interessenten, die einen längeren Urlaub auf der Insel planen, versenden sie auch ihre aktuellen Kataloge mit Preislisten:
Páxos Magic Holidays, Gáios, Tel. 26620-32 269, Fax 26620-32 122, www.paxosmagic.com;
Páxos Sun, Gáios, Tel. 26620-32 201, Fax 26620-32 036, www.paxossun.gr;
Zefi Travel, Gáios, Uferstraße, Tel. 26620-32 114, Fax 26620-32 253, www.zefitravel.com.

San Giorgio: Gáios, 6 Zimmer und Studios, Tel. 26620-32 223, DZ im Mai ab ca. 40 €, im August ab ca. 65 €. Zimmer, Studios und ein 2-Zimmer-Apartment in der zweiten Etage eines ruhig gelegenen Wohnhauses oberhalb des Flusskais, an dem die kleinen Fischerboote liegen (von der Uferstraße aus dort ausgeschildert).

Páxos Beach: Gáios, 42 Zimmer, Tel. 26620-32 211, Fax 26620-32 166, www.paxosbeachhotel.gr, DZ im Mai ab ca. 72 €, im August ab ca. 108 €. Bungalowhotel an einer kleinen Kiesbucht, etwa 15 Min. vom Ort entfernt. Wasserski, Windsurfing, Tennisplatz, Bootsverleih. Die Frau des Inhabers ist Schweizerin.

Paxos Club: Gáios, Tel. 26620-32 450, Fax 26620-32 097, www.paxosclub.gr, DZ im Mai ab ca. 110 €, im August ab ca. 150 €. Villenähnliche Apartmentanlage im Grünen, mit Pool, etwa 20 Gehminuten von Gáios und dem Meer entfernt.

Dodds: 100 m von der Uferstraße entfernt auf Höhe des Anemogiánnis-Denkmals im Süden der Hafenpromenade, dort ausgeschildert, tgl. ab 18 Uhr, Hauptgerichte 6–16 €. Farbenfroh möblierte Gartentaverne zwischen Blumen, Öl- und Orangenbäumen, griechische Musik vom Band, griechische und englische Küche.

Volcano: Am Dorfplatz am Ufer, tgl. ab 10 Uhr, Hauptgerichte 6–12 €. Große Auswahl, schneller Service, ideal für Tagesausflügler.

Autofähren zwischen Kérkira und Gáios 6x wöchentlich, häufig via Igoumenítsa auf dem Festland. Schnellere Tragflügelboote je nach Wochentag 2–4 x tgl. Per Wasserflugzeug ab Gouviá im Sommer mehrmals tgl., www.airsealines.com.

Inselbus: Der Inselbus bietet Tagesausflüglern eine preisgünstige Möglichkeit, alle drei Inselorte an einem Tag kennen zu lernen: 10 Uhr von Gáios nach Longós, 11.50 Uhr weiter nach Lákka, 14.15 Uhr zurück nach Gáios, Gesamtfahrpreis ca. 5 €.

Ausflüge

Ioánnina

Das Korfu gegenüber gelegene griechische Festland ist Teil der Provinz Épiros, deren Hauptstadt Ioánnina (spr. Jánnina, 57 000 Ew.) ist. Sie liegt 100 km vom Fährhafen Igoumenítsa entfernt, der rund um die Uhr durch Autofähren mit Korfu verbunden ist. Die alte Stadt, die sich noch ein wenig ihren orientalischen Charakter bewahrt hat, wurde am Ufer eines 23 km² großen Sees erbaut, der ringsum von Bergen umrahmt ist. Im Norden steigen sie im Mitsikéli-Gebirge bis auf über 1800 m Höhe auf.

Im bis zu 15 m tiefen See liegt ein grünes, bewohntes Inselchen, am Westufer springt eine nahezu quadratische Halbinsel ins Wasser vor. Sie ist von einer hohen Stadtmauer umgeben, über die hinweg die schlanken Minarette zweier Moscheen aufragen. Vor der Nordostecke der Altstadt bildet im Sommer der von hohen Bäumen bestandene Mavíli-Platz, von dem aus die Boote zur Insel Nissáki ablegen, das gastronomische Zentrum der Stadt. Vom Haupttor der mauerumgürteten Altstadt erstreckt sich das Handels- und Bazarzentrum mit vielen kleinen, oft noch recht altertümlich wirkenden Geschäften und Handwerksbetrieben landeinwärts bis zur zentralen Platía Kentrikí, dem Herzen der Neustadt.

Sehenswert

Archäologisches Museum: Platía 25is Martíou 6, Neustadt, Di–So 8.30–15 Uhr, Eintritt 3 €.
Alle hier ausgestellten Funde stammen aus der Provinz Épiros. Besonders beachtenswert sind ein kleiner Bronzeadler aus dem antiken Zeus-Orakelheiligtum von Dodona, ca. 480 v. Chr., und die Bronzestatuette eines kauernden Löwen aus dem 6. Jh. v. Chr.

Nissáki: Zur Insel im See fahren zwischen 8 und 24 Uhr alle 30 Minuten kleine Personenfähren ab der Platía Mavíli, Fahrpeis ca. 1,50 €. Nur zehn Minuten dauert die Bootsfahrt. Die kleinen Fähren legen unmittelbar am Rand des völlig auto- und mopedfreien Dorfes an, das immerhin 800 Einwohner zählt. Vom Anleger führt der Weg an mehreren Tavernen vorbei, deren Spezialitäten Karpfen, Aale und Froschschenkel sind.

An Souvenirläden entlang geht es dann weiter zum romantischen Kloster Ágios Pantelímonas. Kunsthistorisch wertvoller ist das Kloster Ágios Nikólaos aus dem Jahr 1292 auf der anderen Seite des Dorfes. Auf seinen Fresken aus dem 16. Jh. sind zwischen lauter Heiligen auch antike Philosophen wie Plato und Aristoteles dargestellt.

Kástro-Viertel: Innerhalb der Altstadtmauern liegen ein ehemaliges Türkisches Bad und zwei Moscheen. Die restaurierte Asla Pascha-Moschee von 1619 birgt ein modern gestaltetes volkskundliches Museum. Einen schönen Blick über den See bietet die Fethije-Moschee aus dem 15. Jh.

Einkaufen

In den Einkaufsgassen zwischen Altstadt und Platía Kentrikí findet man zahlreiche Jueweliergeschäfte, in denen vor allem Silberfiligranarbeiten hergestellt und verkauft werden. Dieses Handwerk blickt im Épiros auf eine jahrhundertealte Tradition zurück.

Griechische Zentrale für Fremdenverkehr, Odós Napoleón Zervá 2 (Neustadt), Tel. 26510-25 086, Fax 26510-72 148.

Kastro: Altstadt, Tel. 26510-22 866, Fax 26510-22 780,

Ausflüge

Blick über Ioánnina mit der Insel Nissáki im See

www.guestinn.com,
DZ Ü/F ganzjährig 82 €.
Ruhig innerhalb der Stadtmauern gelegenes Hotel mit 7 traditionell eingerichteten Zimmern in einer Villa aus dem frühen 20. Jh.

Mavíli: Platía Mavíli, tgl. ab 10 Uhr, Hauptgerichte 5–8 €.
Große Taverne mit guter Auswahl unter alten Platanen direkt am Seeufer.

Einen Ausflug nach Ioánnina unternimmt man am besten auf eigene Faust.
Mit Fähre und Linienbus: Wer nicht in Kérkira-Stadt wohnt, fährt mit dem Taxi zum Hafen. Von dort fahren die Fähren ab 6 Uhr alle 30–60 Minuten nach Igoumenítsa, Fahrzeit 80 Min. Am besten nimmt man die Fähre um 7.30 Uhr. In Igoumenítsa läuft man ca. 3 Min. zum Busbahnhof. Igoumenítsa und Ioánnina sind Mo–Fr 7 x, Sa/So 5 x tgl. per Linienbus miteinander verbunden, Fahrzeit 2 Std. (8,20 €). Für einen Tagesausflug günstige Busse fahren Mo–Fr um 8.15 und tgl. um 10 Uhr von Igoumenítsa ab. Vom Busbahnhof in Ioánnina läuft man etwa 10 Min. ins Zentrum der Neustadt und etwa 20 Min. bis zum Seeufer. Abfahrten in Ioánnina sind 17.30 und 19.30 Uhr. Damit erreicht man auf jeden Fall noch die Fähren nach Kérkira um 21.30 oder 22 Uhr sowie notfalls auch um 23.30 Uhr (tgl. außer Mo).

Mit Fähre und Mietwagen: Wer ein Mietauto mitnehmen will, braucht dazu aus Versicherungsgründen die Genehmigung des Vermieters. Außerdem kostet der Autotransport hin und zurück ca. 60 €. Alternativ kann man in Igoumenítsa ein Auto mieten, z. B. bei Reliable Cars am Hafen. Das Unternehmen unterhält auch eine Filiale in Kérkira (Odós Donzelot 5, am alten Hafen, Tel. 26610-21 870, Fax 26610-35 840).

Extra-

Fünfmal Korfu, immer anders
1. Griechischer Alltag: Ein Stadtbummel durch Kérkiras Altstadt mit einem Blick fürs Heute
2. Majestäten und Maler: Ein langer Spaziergang auf den Spuren großer Namen

Alle Touren sind auf dem großen Faltplan eingezeichnet

Touren

3. An den Hängen des Pantokrátor:
   Zu Fuß oder per Jeep durch die Berge
4. Korfus schönste Strände:
   Eine lange Erkundungstour an der Westküste
5. Bootsausflug zum Baden und Bummeln: Die Nachbarinsel Páxos

Erinnert an Italien: die Altstadt von Kérkira mit dem Alten Fort

Tour 1

Griechischer Alltag

Ein Stadtbummel durch Kérkiras Altstadt

Der Rundgang beginnt an der **Platía San Rocco** in der Neustadt. Aus der Südostecke dieses Platzes führt die Autostraße G. Theotóki in Richtung Altstadt. Nach einem kurzen Stück biegt man in die zweite Straße nach links ein und steht sogleich auf dem **Wochenmarkt.** Verkauft werden überwiegend Obst und Gemüse, aber auch Fisch, Nüsse, Kräuter und Blumen. Zwischen die Marktstände eingestreut sind zwei kleine Kafenía. Gönnen Sie sich hier sehr preisgünstig einen griechischen Kaffee, und lassen Sie das Markttreiben auf sich wirken.

Orthodoxe Priester in ihren langen Gewändern gehen mit Einkaufstüten in der Hand vorbei, ambulante Losverkäufer bieten Rubbellose (Sofortgewinne) und Lose der Staatslotterie an (Ziehung jeden Montagabend). Markthändler rufen dem Wirt des Kafenío von weit her Bestellungen zu; sein Gehilfe trägt sie auf einem Tablett aus. Bunte Sonnenschirme sind windanfällig in Obstkisten gesteckt, aber jeder Einkauf wird an einer modernen Computerkasse registriert: Das Finanzamt besteht darauf, um der früher als Volkssport geltenden Steuerhinterziehung entgegenzuwirken.

Am oberen Ende der Marktgasse überqueren Sie dann den kleinen Parkplatz und gelangen durch einen dunklen Gang durch die Außenmauer des **Neuen Forts** zu dessen Eingangstor. Es lohnt sich, ein Ticket zu lösen und zu den obersten Bastionen hinaufzusteigen, um Kérkira aus der Vogelschau zu betrachten.

Am Wasser entlang ins historische Zentrum

Vom Eingang zum Neuen Fort führt die Odós Solomoú am sehr chic und trendig gestalteten Szene-Treff **Stablús** (s. S. 75) gegenüber der gleichnamigen Kirche vorbei in die Altstadt hinein. Biegen Sie am Ende der Gasse nach links ab, kommen Sie sogleich zum **Alten Hafen.** Hier fuhren bis vor etwa 20 Jahren die kleinen Autofähren nach Igoumenítsa ab. Heute liegen sie hier nur noch während mehrtägiger Ruhepausen, der große Hafenplatz wird heute vor allem von parkenden Autos genutzt.

Halten Sie sich am Hafen nach rechts und gehen Sie immer die Uferstraße entlang, die zunächst leicht ansteigt. Sie haben einen schönen Blick auf den Pantokrátor und das Inselchen Vídos, die Berge Albaniens und der Region Épiros. Sie passieren das stattliche Hauptgebäude der **Ionischen Universität,** das 1835 im klassizistischen Stil

Tour 1

als Privathaus einer wohlhabenden korfiotischen Familie erbaut wurde und lange als Regierungssitz der Präfektur der Ionischen Inseln diente. Links unten liegt bald Faliráki mit seinem guten Café, das **Alte Fort** ragt schon vor Ihnen ins Meer hinaus. Ein Schild macht auf die über Stufen erreichbare, rechts der Straße liegende Kirche **Panagía Antivouniótissa** aufmerksam, die heute das Byzantinische Museum der Insel beherbergt. Der Abstecher lohnt!

An der Esplanade

Schließlich stehen Sie am **Alten Palast** und damit an der Esplanade. Im Hauptbau des Palastes ist heute das Museum für Asiatische Kunst untergebracht. Im Ostflügel des Palastes zeigt die **Städtische Pinakothek** neben Werken korfiotischer Maler des 19. Jh. auch griechische und internationale Gegenwartskunst. Durch eine Parkanlage mit Kinderspielplatz ist am **Schulenburg-Denkmal** der Eingang des Alten Forts erreicht, wo meist einige geschmückte Pferdekutschen auf Kundschaft warten. Quer über die Esplanade, auf der an Wochenenden häufig Cricket gespielt wird, gehen Sie nun zu den eleganten Cafés unter den hohen **Arkaden des Liston**. In den Etagen darüber wohnen noch immer korfiotische Familien: Keine Wohnung dort ist kleiner als 130 m². Die Wohnungen sind jedoch alle arg renovierungsbedürftig; an Feriengäste wird keine einzige von ihnen vermietet.

Besuch beim Schutzheiligen der Insel

Am nördlichen Ende der Kaffeehausreihe biegen Sie nach links ab, kommen am recht teuren Edel-Juwelier Lalaoúnis vorbei in die Odós Spiridónos mit ihren preiswerteren Juwelier- und nicht sonderlich aufregenden Souvenirgeschäften. Nach etwa 100 m brennen vor dem Nordportal der **Kirche Ágios Spirídonos** viele große Kerzen. In der Kirche herrscht ein ständiges Kommen und Gehen: Hier besuchen die Korfioten ihren Inselschutzheiligen, bringen ihm Blumen mit, küssen seinen Sarkophag. Viermal im Laufe der Jahrhunderte hat er die Insel von Pest, Hungersnot und sogar den Türken befreit – da wird er wohl auch bei kleinen persönlichen Problemen helfen können.

Verlassen Sie die Kirche durch das Südportal, vor dem Devotionalienhändler Kerzen, Votivtäfelchen und Ikonen anbieten, stehen Sie auf einem schönen kleinen Platz mit zwei Geschäften, die eine große Auswahl korfiotischer Spezialitäten anbieten. Besichtigt haben Sie erst einmal genug – jetzt können Sie unter den Arkaden der Odós N. Theotóki shoppen und vielleicht auf dem **Rathausplatz** zu Mittag essen.

Tour-Info

Anreise: Dieser Stadtrundgang beginnt an der Platía San Rocco, der Endstation der blauen Stadtbusse von Dassiá und Benítses her. Wer mit einem der grünen Überlandbusse in Kérkira ankommt, läuft vom Fernbusbahnhof bis zur Platía San Rocco etwa 10 Min. auf den Straßen Avramíou und I. Theotóki.
Beste Wochentage: Man sollte diesen Rundgang an einem Vormittag zwischen Dienstag und Samstag unternehmen, da sonntags der Markt und montags die meisten Museen geschlossen sind.
Länge des Rundgangs von der Platía San Rocco bis zum Rathausplatz ca 2,5 km.

Sissis Traum von Arkadien:
Wandgemälde im Achíllion

Tour 2

Majestäten und Maler

Ein Spaziergang auf den Spuren großer Namen

Das **Achíllion** liegt auf einem Hügel über dem Dorf Gastoúri (E 6, S. 57). Das kleine Schloss und sein prächtiger Park mit vielen Skulpturen ist unbestritten Korfus meistbesuchte Sehenswürdigkeit.

Über die vielen Touristen wundert sich hier heute niemand mehr. Ihre Erstbewohner jedoch, zunächst Kaiserin Elisabeth von Österreich (Sissi) und dann Kaiser Wilhelm II., erschienen den Dorfbewohnern manchmal wie Menschen von einem anderen Stern. Am Achíllion erlebten sie zum ersten Mal elektrisches Licht, denn Sissi ließ den ersten Stromgenerator der Insel installieren. Hier sahen sie auch zum ersten Mal Automobile, denn Kaiser Wilhelm II. brachte einen roten Mercedes mit.

Durchs Dorf Gastoúri

Nach der Besichtigung des Schlosses und einem Spaziergang durch dessen Park (vielleicht auch einem Probeschlückchen in der gegenüberliegenden Wein- und Likörprobierstube) folgen Sie dann der Hauptstraße ins Dorf **Gastoúri** hinunter. Hier gibt es noch etliche Winkel, die sich seit Kaisers Zeiten kaum verändert haben. Als Sissi-Fan mögen Sie im Dorf vielleicht dem Wegweiser in den Weiler Plátanos folgen. So gelangen Sie an der Kirche vorbei in etwa 10 Min. zum **Elisabeth-Brunnen**.

Unsere Tour zweigt schon vorher von der Hauptstraße nach rechts ab. Gegenüber der Grilltaverne ›Lefteris‹ führt eine mit ›French Cemetery/Pérama/Pontikoníssi‹ ausgeschilderte, schmale Straße durch Olivenhaine in Richtung Meer. Sie gehen unterhalb des Achíllion entlang, passieren eine große Villa und sehen dann rechts ein kleines grün-weißes Schild mit der Aufschrift ›Cimitière Militaire Français‹. Hier liegt hinter hohen Mauern der **Französische Soldatenfriedhof** aus dem Ersten Weltkrieg, der das Ende für die österreichische wie für die deutsche Monarchie bedeutete.

Über einen Damm nach Kanóni

In Pérama wird die viel befahrene Küstenstraße erreicht, der Sie nun für etwa 20 Min. nach links folgen müssen. Entschädigung für den Autoverkehr bieten immer wieder schöne Aussichtspunkte.

Schließlich führt ein kurzer Weg zu dem schmalen Damm hinunter, über den Sie nach Kanóni und zur Halbinsel **Análipsis** hinübergelangen. Wenn gerade ein Flugzeug naht, sollten Sie ihm ›Vorfahrt‹ gewähren, sonst donnert es in 20 m Höhe über ihre Köpfe hinweg.

Drüben angekommen, empfehlen sich ein Besuch im ehemaligen **Kloster Vlachérna** und die kurze Bootsfahrt hinüber zur ›Mäuseinsel‹ **Pontikoníssi**. Sie soll angeblich dem Schweizer Maler Arnold Böcklin als Vorbild für sein Werk ›Die Toteninsel‹ gedient haben; ein Hinweis auf einen Korfu-Besuch des Meisters findet sich in seinen Lebensbeschreibungen aber nicht. Dafür aber ist sicher, dass der britische Maler Edward Lear zwischen 1848 und 1888 neunmal auf der Insel weilte, sie in seinen Tagebüchern beschrieb und ihre Dörfer und Landschaften in unzähligen Aquarellen verewigte. Sicher ist auch, dass Kaiserin Elisabeth die Mäuseinsel besuchte: Eine Gedenktafel erinnert bis heute daran. Sissi und die Maler würden das Inselchen heute allerdings wohl kaum noch wiedererkennen: In einer auf der Insel heftig umstrittenen Aktion fällte man im Jahr 2002 die vorher für Pontikoníssi so typischen Zypressen, weil sie für den Flugverkehr gefährlich wurden.

Wo Prinz Philip geboren wurde

Von den Inseln geht's nun hinauf zum Aussichtspunkt **Kanóni**. Anschließend folgen Sie der Straße bergan, die nach Kérkira zurückführt. Sie bringt Sie auch zum schon 1831 erbauten **Schloss von Mon Repos,** in dem der Prinzgemahl der englischen Königin Elizabeth, Philip, 1921 geboren wurde. Es gehörte damals seinem Vater Andréas, dem zweiten Sohn des griechischen Königs Geórgios II. Als dessen Frau Alice von Battenberg nach vier Töchtern 1921 endlich den ersten Sohn gebar, war der Vater abwesend: Er kommandierte eine Division der griechischen Armee, die gerade versuchte, die Türkei zu erobern. Da der Feldzug scheiterte, kamen viele Militärs und Politiker vor ein Kriegsgericht. Andréas hatte Glück, wurde nicht wie manch anderer zum Tode verurteilt und erschossen, sondern nur ins Exil geschickt. Seine Familie nahm er mit – und Philip änderte in Großbritannien seinen Familiennamen in ›Mountbatten‹ um.

Das kleine Schloss dient heute als Museum, in dem vor allem Möbel und andere Einrichtungsgegenstände aus der Zeit des englischen Regency-Stils gezeigt werden.

Als lauschiger Abschluss ihres langen Spaziergangs könnte zum Schluss noch ein Rundgang durch den 280 Hektar großen, sehr romantischen und leicht verwilderten Schlosspark stehen. Wenn Sie Badezeug dabei haben, können Sie 10 Minuten unterhalb des Schlosses sogar in einer kleinen, ganz von Bäumen gesäumten Bucht noch eine Runde schwimmen.

Tour-Info

An- und Abreise: Der Spaziergang beginnt am Achíllion (Stadtbuslinie Nr. 10 ab Platía San Rocco) und endet am Schlosspark von Mon Repos (Stadtbuslinie Nr. 2, Haltestellen an der Esplanade, am Alten Hafen und an der Platía San Rocco). Ticket für die Rückfahrt gleich bei der Hinfahrt kaufen! Man kann diese Tour übrigens auch gut mit dem Mountainbike unternehmen, darf das Bike aber nicht im Bus transportieren (Rundfahrtlänge daher ab und bis Stadtzentrum ca. 32 km).
Beste Zeit: Vormittags. Montags ist das Museum im Schloss Mon Repos geschlossen.
Mittagessen: am besten in Kanóni.
Weglänge: ca. 7 km.

Tour 3

Bis auf eine Taverne ist Paléo Períthia fast völlig verlassen

An den Hängen des Pantokrátor

Zu Fuß oder per Jeep durch die Berge

Verlassene Dörfer aus venezianischer Zeit und viel unberührte Natur an den Hängen des höchsten Inselberges sind das Ziel dieser Tour. Sie beginnt an der Küstenstraße zwischen Kassiópi und Acharávi und endet dort auch wieder. So finden Sie den Einstieg, einen von der Küstenstraße die Berge hinaufführenden Feldweg:

Vom Rathaus (Dimarchíon) von **Acharávi** (C 1, S. 40) fahren Sie zunächst 7,5 km bis zum Hotel ›Corfu Resort‹. Nach weiteren 700 m folgt links ein Buswartehäuschen, wiederum 800 m weiter zweigt der Feldweg nach rechts ab. Aus **Kassiópi** (E 1, S. 62) kommend, folgen Sie der Küstenstraße in Richtung Acharávi. Sie passieren einen Fußballplatz und eine Fischfarm. Dann grüßt Sie das Schild ›Gemeinde Thinali willkommen‹ und ein Plan des Landkreises, dessen zentrale Küstenorte Acharávi und Róda sind. 120 m weiter beginnt links im spitzen Winkel zur Straße der Feldweg in die Berge.

Der Weg führt steil bergan durch die im Frühsommer blühende Phrygána, in der Hirten ihre Ziegen und Schafe weiden. Immer wieder haben sie einen wahrhaft fantastischen Ausblick auf die Meerenge zwischen Korfu und Albanien.

Nach 3 km wachsen wieder Bäume – Oliven natürlich. Kurz darauf geht der Feldweg in eine Asphaltpiste über, die Sie ins Bergdorf **Anapaftíria** (E 2) bringt. Nach 400 m Weg auf Asphalt gelangen Sie zu einem alten Buswartehäuschen, vor dem links eine anfangs asphaltierte Piste abzweigt. Sie führt noch an ein paar Häusern vorbei und verläuft dann (in Ihrer Richtung links) hoch über einem Trockental entlang. 800 m nach Beginn dieser Piste zweigt in einer Linkskurve ein stark zuwachsender Feldweg nach rechts ab, dem Sie durch wahre Orgien im Frühsommer gelb blühenden Ginsters und viel Farnkraut folgen. Die Fahrspur ist immer zu erkennen, auch wenn der Ginster die Piste fast vollständig zudeckt.

Nach einem weiteren Kilometer stößt er auf einen breiteren Feldweg. Wanderer biegen hier nach rechts ab, erreichen nach 900 m eine Asphaltstraße und folgen der nach links 1,6 km weit bis ins alte venezianische Dorf **Paléo Períthia** (D 2, S. 92, mit Tavernen).

Abstecher nach Old Siniés

Wer mit dem Jeep (oder geländegängigem Motorrad) unterwegs ist und Spaß am Pistenfahren hat, folgt dem Feldweg nach links. 1,7 km weiter wird eine deutlich wahrnehmbare, aber hinter einem Erdhang versteckte Müllkippe passiert. 650 m weiter ist rechts unten im Tal erstmals Paléo Períthia zu sehen. Terrassenmauern und ein alter Dreschplatz in der Nähe des Weges zeugen von der mühseligen Arbeit früherer Dorfbewohner. Nach weiteren 450 m erreicht man einen Rastplatz mit Sitzbänken und Panorama-Blick auf Nord- und Ostküste Korfus.

350 m weiter zweigt nach links eine breite Staubpiste ab. Sie erreicht nach 1100 m das völlig verlassene venezianische Dorf ›**Old Siniés**‹ mit seinen weit im Gelände verstreuten Ruinen stattlicher Häuser und kleiner Kirchen. Hier wohnt niemand mehr ständig, es gibt nicht einmal eine Taverne. Allerdings hat sich ein Ausländer eins der alten Häuser wieder hergerichtet und verbringt sporadisch einige Zeit hier.

Auf den Pantokrátor und nach Paléo Períthia

Auf die Hauptpiste zurückgekehrt, fährt man nun immer weiter auf den Pantokrátor zu. Mutige Wanderer können ihr vom Rastplatz aus noch etwa 1,5 km weit folgen und dann querfeldein den steilen Hang nach Paléo Períthia hinuntergehen: Das Gelände ist jedoch sehr dornig – und es gibt viele Schlangen!

Die Piste mündet auf eine Asphaltstraße, die auf dem Gipfel des **Pantokrátor** (D 2, S. 93) endet. Nach dem Rundblick vom höchsten Inselberg folgt man ihr wieder abwärts, bis sie nach 4,6 km auf eine andere Asphaltstraße mündet. Nach links geht es 650 m weit zum schönen Dorfplatz von **Strinílas** (D 2). Folgt man dem Asphaltband nach rechts, kommt man durch **Petália** mit einer Taverne hindurch und an anderen kleinen Weilern vorbei ins Dorf Lavkí. 100 m nach dem Ortsende-Schild zweigt nach rechts eine schmale Straße ab, die sogleich zum Feldweg wird. Ihm folgt man nun 6,3 km weit und kommt so nach **Paléo Períthia,** Korfus vielleicht schönstem Dorf. Für diesen Ort lohnt es sich, ein bis zwei Stunden Aufenthalt einzuplanen, um umherzustreifen und die vier Tavernen genießen zu können. Erwarten Sie jedoch kein Museumsdorf nach mitteleuropäischer Art: Manche Häuser sind zwar schön restauriert, andere aber sind Ruinen oder schon arg im Verfall begriffen!

Zurück an die Küste

Jeepfahrer und Wanderer kehren von Paléo Períthia über den eben genannten, 6,3 km langen Feldweg nach **Lavkí** zurück. Dort gibt es zwei Tavernen, von denen aus sich Wanderer telefonisch ein Taxi aus dem 5,5 km entfernten Acharávi rufen lassen können, um auf die Küstenstraße zu gelangen.

Tour-Info

Zeitplanung: Brechen Sie rechtzeitig auf, damit sie nicht gerade im völlig schattenlosen Gelände unterhalb des Pantokrátor in der Mittagshitze im offenen Jeep oder auf der Enduro sitzen. Eine Kopfbedeckung ist auf jeden Fall nützlich; für die Rückfahrt am Abend ist auch die Mitnahme eines Pullovers oder einer Jacke ratsam.
Essen und Trinken: Verpflegungsmöglichkeiten finden Sie auf dem Pantokrátor, in Paléo Períthia, Strinílas und Lavkí.
Länge der Jeep-Tour: ab und bis Küstenstraße ca. 60 km.
Länge der Wanderung: ab Küstenstraße bis Lavkí ca. 24 km (genügend Trinkwasser mitnehmen!)

Tour 4

Und ewig lockt der Strand: hier bei Ágios Geórgios Pagón

Korfus schönste Strände

Erkundungstour an der Westküste

Die meisten Urlauber landen in ihrem ersten Korfu-Urlaub mehr oder minder zufällig in einem bestimmten Urlaubsort und -hotel. Teils ist der Preis ausschlaggebend, teils ist die geringe Auswahl der Veranstalter verantwortlich, die sich überwiegend auf zwei Dutzend Großhotels konzentrieren. Dabei kann man auch ganz anders wohnen. Diese Tour zeigt Ihnen nicht nur die schönsten Strände, sondern hilft Ihnen auch, für die nächsten Ferien auf Korfu vielleicht schon ein ungewöhnlicheres Quartier zu finden. Pensionswirte und Ferienhausvermieter zeigen Ihnen in der Regel gern ihre Wohnungen oder Zimmer, wenn Sie darum bitten.

Die Extra-Tour beginnt in **Messongí** (E 8, S. 86) an der Ostküste und führt Sie quer über die Insel an der Ruine der byzantinischen Festung **Gardíki** vorbei zum flachen **Korissión-See** und zur langen Dünenkette, die ihn vom Ionischen Meer trennt. Weiter im Süden sieht man den Badeort **Ágios Geórgios Argirádon,** der noch am gleichen, über 8 km langen Strandstreifen liegt: ein ideales Revier für Strandspaziergänger und Jogger.

Strände zwischen Gardíki und Sinarádes

Danach geht es zurück zur Festung Gardíki. Kurz dahinter zweigt man links auf eine Asphaltstraße ab. Unterwegs weisen kleine Schilder den Weg zum etwa 150 m langen, meist menschenleeren Sandstrand **Kanoúli Beach** und kurz darauf zum kleinen Sandstrand **Prasoúdi Beach** mit zwei guten Fischtavernen. Schließlich erreicht die Straße den kleinen Badeort **Paramónas** (D 7, S. 94) mit seinem etwa 300 m langen Sandstrand, mehreren Hotels und Pensionen. Die Hauptstraße führt nun landeinwärts bis kurz vor das große Binnendorf **Ágios Matthéos,** wo man nach links in Richtung Kérkira abbiegt. Nach kurzer Fahrt durch ein grünes Tal folgt die Abzweigung zum Strand von **Ágios Górdis** mit seinen bizarren Felsen. Anschließend geht es ins Binnendorf **Sinarádes** (D 8, S. 45) hinauf, wo Sie das kleine Volkskundliche Museum besichtigen können.

Von Sinarádes nach Mirtiótissa

Hinter Sinarádes zweigt man Richtung Pélekas ab. Bald weist ein Schild zum Strand von **Gialiskári,** der fast ganz von einem Hotel und einer Taverne eingenommen wird, und zum schönen Sandstrand von **Kontogiálos.** Die schmale Fahrstraße endet an der Taverne ›Maria's Place‹; die Inhaber sind Fischer und vermieten preiswert Zimmer.

Man kehrt zur Hauptstraße zurück und erreicht kurz darauf das Bergdorf **Pélekas** (C 5, S. 95). Dort sollte man zunächst dem Wegweiser mit der Aufschrift ›Kaizer's Throne‹ folgen, um von der Hügelkuppe aus einen prächtigen Blick über weite Teile Korfus zu genießen. Dann geht es ins Dorf zurück und dort nach rechts. Nach einigen Kurven führt eine Stichstraße zum langen, sandigen **Golden Beach** von Glifáda hinunter, den man aber nicht unbedingt gesehen haben muss. Lohnender ist es, auf der Hauptstraße zu bleiben und dann den Feldweg hinunter zum **Mirtiótissa-Kloster** (C 5, S. 89) zu nehmen. Badehosenzwang kennt man an diesem Strand, einem der schönsten der Insel, trotz der Nähe des Klosters nicht. Zwei Tavernen laden zur Rast, eine davon bietet sogar Zimmer an. Außerdem steht am Weg zum Strand auch noch eine Pension, die ihre Tür bevorzugt für homosexuelle Gäste beiderlei Geschlechts öffnet.

Von Mirtiótissa nach Acharávi

Vorbei am Golfplatz von Korfu im flachen Rópa-Tal geht es weiter nach **Paleokastrítsa** (B 4, S. 90) und dann in die Bergdörfer **Lákones** und **Makrádes** hinauf. Wer mag, kann von dort aus einen Abstecher zur **Burg Angelókastro** unternehmen, bevor die Strände des Nordwestens auf dem Programm stehen. Die Bucht von **Ágios Geórgios Pagón** (A 3, S. 43) ist ideal für Segler und Surfer. Hier findet man auch reizvolle Unterkünfte und gute Restaurants. **Aríllas** und **Ágios Stéfanos** sind dann eher langweilige Urlaubsorte mit allerdings schönen Stränden. Zum zweiten Höhepunkt der Fahrt geraten sicher die Buchten am **Longás Beach** bei Peroulades (A 1, S. 96) unmittelbar an der Steilküste. In der Nähe der Treppe, die hinunterführt, werden zwar schon Liegen und Schirme vermietet; wer aber in nördlicher Richtung am Steilufer entlang geht, findet dort noch verschwiegene kleine Sandflecken, die man meist für sich allein hat.

Mit der relativen Ruhe und Beschaulichkeit ist es in **Sidári** (B 1, S. 99) erst einmal vorbei. Der **Canal d'Amour** ist zwar sehr schön, Strand und Ort aber sind sehr voll und teilweise auch sehr laut. Britische Urlauber prägen hier das Bild, griechische oder gar deutsche Aufschriften sind kaum zu sehen. Die nächsten beiden Orte, **Róda** und **Acharávi,** sind da für Nicht-Briten sehr viel angenehmere Badeorte.

Tour-Info

Fahrzeug: Für die eintägige Fahrt reicht ein Pkw aus, ein Jeep ist nicht notwendig. Mit Vespa oder Moped sollte man die Tour besser in zwei oder drei Etappen planen.
Länge der Fahrt: ca. 145 km
Parken: Fast nirgends ein Problem. In Sinarádes kann man mit etwas Glück auf dem Dorfplatz parken. In Ágios Górdis gehören die Parkplätze am Strand Profitgeiern, man parkt besser entlang der Hauptstraße im Dorf und läuft ca. 300 m. Ansonsten werden nirgendwo Parkgebühren erhoben.
Kontrastprogramm: Wer eine Pause vom Strand einlegen will, isst im Restaurant im Clubhaus des Golfclubs im Rópa Valley zu Mittag.

Tour 5

Wenig Häuser, doch um so mehr Ölbäume: der Weiler Longós auf Korfus Nachbarinsel Páxos

Bootsausflug zum Baden und Bummeln

Die Insel Páxos

Páxos ist 16 km von der Südspitze Korfus und 18 km von der Festlandküste entfernt. Auf der Insel leben etwa 2450 Menschen, die Hälfte davon in den Küstenorten Gáios, Longós und Lákka. Páxos ist ca. 3,5 x 10 km groß, Antípaxos ungefähr 2 x 3 km.

Die meisten Ausflugsboote zeigen ihren Passagieren zunächst die Schönheiten der paxotischen Steilküste im Westen der Insel. Hier gibt es eine ganze Reihe großer und kleiner Meeresgrotten, in denen noch einige Mönchsrobben leben. Vor und manchmal sogar in einigen Grotten locken gelegentlich Miniaturstrände zum Baden – erreichbar aber nur für die Urlauber, die sich auf Páxos ein kleines Motorboot mieten.

Die Ausflugsboote fahren zunächst dicht an die Höhle **Ipapantí** heran, in der sich im Zweiten Weltkrieg mehrere Monate lang ein griechisches Unterseeboot versteckt haben soll. Dann passiert man einen kleinen Sandstrand und das **Kap Erimítis** als höchsten Punkt der Steilküste. Dahinter liegen die drei **Stakkái-Grotten** und dann die Grotte von **Petrití**, in die manche Ausflugsboote sogar ganz hineinfahren. Dicht daneben ragt aus dem Meer die bizarre Felsnadel **Orthólithos** auf. Kurz vor der Südspitze von Páxos ist das Felstor **Trípti** die letzte Attraktion dieses Küstenabschnitts.

Die Inselhauptstadt Gáios

Nach einer Badepause an einem der beiden weißen Sandstrände von **Antípaxos,** das nur noch im Sommer bewohnt wird, geht es weiter nach **Gáios,** dem Hauptort der Insel Páxos. Durch seine klassizistischen, ziegelgedeckten Villen wirkt er fast städtisch. Dem Ort unmittelbar vorgelagert ist eine Insel, die eine 1423 von den Venezianern erbaute Festung trägt. Sie schmiegt sich so dicht an die Uferlinie von Páxos an, dass man sich wie an einem schmalen Fluss fühlt. Am Ufer haben Jachten, Fischer- und Ausflugsboote festgemacht, das Bild könnte idyllischer kaum sein.

Wenn man für Gáios nur zwei bis drei Stunden Zeit hat, sollte man die Uferfront einmal abgehen. So kommt man zum kleinen Denkmal für den griechischen Freiheitskämpfer Geórgios Anemogiánnis. Er steht auf einem Bootsbug und hält eine Art Fackel in der Hand: Während des Freiheitskampfes gegen die Türken 1821–30 hat er im Hafen von Gáios ein türkisches Schiff in Brand gesetzt und versenkt.

Unbedingt eine Pause wert ist der kleine Dorfplatz von Gáios unmittelbar am Hafenkai. Danach lohnt noch ein kurzer Bummel durch die engen, gepflasterten Gassen des Dorfes mit einer ganzen Reihe von Schmuck- und Souvenirgeschäften. Dass die Paxioten Blumen lieben, machen die vielen Blüten an den Hausfassaden deutlich.

Die Ostküste
Auf der Rückfahrt nach Korfu entlang der Ostküste von Páxos erkennt man, dass die Insel ebenso dicht wie Korfu mit Ölbäumen bedeckt ist. Zahlenangaben schwanken zwischen einer viertel und einer halben Million Exemplare. In diesen urwaldähnlichen Olivenhainen stehen überall winzige Bauernhäuser, die manchmal auch kleine Weiler bilden. Sie sind durch Dutzende schmaler Pfade untereinander verbunden. Páxos ist ein ideales Wanderrevier!

Auf der Heimfahrt legen manche Boote noch in **Longós** an, einem malerischen Küstenweiler mit nur etwa drei Dutzend alten Häusern und einer Olivenöl- und Seifenfabrik mit hohem Schornstein am Dorfrand. Heute werden die meisten dieser Häuser als Tavernen und Bars genutzt. An einem winzigen Kieselsteinstrand kann man auch ein kurzes Bad nehmen.

Alles auf eigene Faust
Wer mag, kann Páxos auch auf eigene Faust erleben. Dabei fährt man mit dem Tragflügelboot auf die Insel, benutzt dort den Linienbus und kehrt auch per Tragflügelboot zurück nach Kérkira. Die Schönheiten der Küste von Páxos bekommt man dabei zwar nicht zu Gesicht, dafür aber lernt man das Inselinnere kennen und sieht mehr von den Inselorten. Außer Gáios und Lóngos ist das vor allem noch **Lákka** ganz im Inselnorden. Dort stehen die Häuser an engen Gassen. An einer tief eingeschnittenen, schlauchförmigen Bucht sind ein paar kleine, schattige Kiesstrände zu finden.

Tour-Info

Ausflugsangebote: Überall auf Korfu werden Bootsausflüge nach Páxos (A/B 11/12, S. 103) angeboten. Hauptabfahrtshäfen der Ausflugsboote sind Kérkira und Lefkími. Besonders empfehlenswert sind die Ausflüge ab Lefkími (G 9), da man bei ihnen am meisten Zeit für Páxos hat und oft noch zum Baden vor der Schwesterinsel Antípaxos vor Anker geht. Eher abzuraten ist von Ausflügen, die den Stopp auf Páxos mit einem Besuch des Festlandstädtchens Párga verbinden, da bleibt zu wenig Zeit für Páxos. Buchung des Ausflugs bei der Reiseleitung und in vielen Reisebüros auf der Insel. Preis ab Lefkími ca. 20 €, Dauer: 10–12 Std.
Páxos auf eigene Faust: Das Tragflügelboot der Petrákis Lines (Tel. 26610-38690, Büro an der Uferstraße in Kérkira gegenüber vom Zollgebäude am Neuen Hafen) fährt morgens um 7 Uhr nach Páxos und kommt um 8 Uhr in Gáios an. Der Inselbus fährt um 10 Uhr nach Lóngos, um 11.50 weiter nach Lákka und von dort um 14.15 Uhr zurück nach Gáios. Das Tragflügelboot fährt um 16 Uhr nach Kérkira zurück.
Mittagessen in Gáios: Einen schnellen Service und eine große Auswahl bei durchschnittlicher, durchaus akzeptabler Qualität bietet die Taverne Volcano am Dorfplatz direkt am Ufer.

Register

Acharávi (C1) 40, 112, 115
Achíllion (E6) 58, 110
Afiónas (A3) 42
Agía Varvára 96
Agíi Déka (E6) 50
Ágios Geórgios Argirádon (E9) 43, 114
Ágios Geórgios Pagón (A3) 43, 115
Ágios Górdis (D6) 44, 114
Ágios Iáson ke Sossípatros 80
Ágios Ioánnis (D5) 46
Ágios Márkos (D3) 54
Ágios Matthéos (D7) 94, 114
Ágios Nikólaos Beach 52
Ágios Stéfanos Avliotón (A2) 46, 115
Ágios Stéfanos Siniés (E/F2) 47
Agní (E3) 90
Albanien 78
Alikés 82
Alípa 91
Alkohol 34, 37
Alter Palast 68, 109
Ambeláki 91
Análipsis 78, 110
Anapaftíria (E2) 112
Angelókastro (A4) 86, 115
Áno Korakiána (C3) 93
Anreise 34
Archäologisches Museum (Kérkira) 69
Aríllas (A2) 48, 115
Arkoudíla Beach 101
Artemis-Tempel 78
Asprókavos, Kap 65
Astrakerí (B1) 48
Athina Apartments 49
Auto 37
Avláki Beach 63
Banana Riding 28
Barbáti (D3) 49
Batería Beach (E1) 31
Benítses (E6) 50
Boúka Beach 82
Boukári (F8) 87
Britischer Friedhof (Kérkira) 69
Busse 36
Byzantinisches Museum (Kérkira) 69
Camping 23, 53, 98
Canal d'Amour (B1) 31, 100, 115
Casino 75
Chalikoúnas Beach (D8) 31, 57
Chlomós (F8) 88

Dafníla (D4) 51
Dassiá (D4) 52
Diapontische Inseln 102
Drástis, Kap (A1) 31, 97
Elisabeth-Brunnen 58, 110
Episkopianá (E7) 88
Eríkoussa 102
Érmones 55
Faliráki (Kérkira) 69
Feiertage 18
Fitness 29, 51, 90
Fort, Altes (Kérkira) (E5) 68, 109
Fort, Neues (Kérkira) (E5) 73, 108
Französischer Soldatenfriedhof 58, 110
Fremdenverkehrsämter 34
Fundana Villas 91
Gáios (Páxos) (Y14) 103, 116
Gardíki 56, 114
Gastoúri 57, 110
Geld 35
Gesundheit 36
Gialiskári 114
Glifáda (C5) 95
Golden Beach 115
Golf 28, 55
Gouviá 60
Hotels 22
Internet 5, 40, 43, 76
Ioánnina 104
Ipapantí-Höhle (Páxos) (X13) 116
Ipapántí-Kirche 51
Ípsos (D3) 55
Kalámi 60
Kanóni 79, 111
Kanoúli Beach 114
Kardáki-Quelle 79
Kassiópi 62, 112
Kávos 64
Kéndroma 66
Kerasiá Beach 48
Kérkira (Korfu-Stadt) (E5) 8, 66, 108
Kinder 21
Klima 15
Komméno-Halbinsel (D4) 51
Kontogiálos (C6) 95, 114
Kontokáli 80
Korissión-See (E8) 57, 114
Kouloúra (E2) 62
Kremastí-Brunnen (Kérkira) (E5) 72
Lákka 117

Lákones 81, 115
Lavkí 113
Lefkími 82
Liapádes 84
Liston 109
Longás Beach 97, 115
Makrádes 85, 115
Marathiás Beach 96
Mathráki 102
Messongí 86, 114
Mietwagen 37
Mirtiótissa (C5) 89, 115
Mitrópolis, Kirche (Kérkira) 72
Mon Repos (E5) 80, 111
Mon Repos Beach (E5) 31
Mon Repos, Strandbad (Kérkira) 74
Moraḯtika 86
Motorrad 37
Mücken 15
Museum der Asiat. Kunst (Kérkira) 73
Nímfes 99
Nissáki 90
Notfall 35
Nótos Beach 97
Öffnungszeiten 16, 36
Othoní 102
Paléo Períthia 92, 113
Paleokastrítsa 90, 115
Panagía Antivouniótissa 109
Panagía Theotókos tis Paleokastrítsas 91
Pantátika-Bucht 65
Pantokrátor (D2) 93, 112
Paramónas (D7) 94, 114
Páxos 103, 116
Pélekas 95, 115
Pérama 78
Perivóli 96
Perouládes 96
Petália 113
Petríti 97
Polizei 35
Pontikoníssi 79, 80, 111
Prasoúdi Beach 114
Radfahren 29
Rathaus (Kérkira) 73, 109
Reisezeit 15, 16
Reiten 29, 44, 51, 98
Róda 98, 115
Segeln 29

Sidári 99, 115
Sinarádes (D8) 45, 114
Sokráki (C3) 93
Sparterá 101
Spaßbäder 21, 40, 46
Spíridon 91
St. George North (A3) 43
St. George South (E9) 43
Stavroménos, Kirche 99
Strinílas (D2) 94, 113
Surfen 30, 51
Tauchen 30
Taxi 37
Telefonieren 35
Tennis 30
Vitaládes (G9) 96
Vlachérna-Kloster 78, 111
Wandern 30
Wellness 29
White House 61
Zoll 34

Hotels
Akrotiri Beach 92
Apollo Palace 87
Bella Venezia (Kérkira) 76
Ermones Beach Holiday Resort 56
Cavalieri (Kérkira) 76
Constantinoupolis (Kérkira) 76
Corfu Palace (Kérkira) 76
Corifu Village 40
Égrypos 98
Elea Beach 53
Elly Beach 84
Golden Fox 81
Grecotel Corfu Imperial 52
Grecotel Daphnila Bay Thalasso 29, 52
Hermes (Kérkira) 76
Kontokáli Bay 80
Levant 96
Lipades Beach 84
Louis Corcyra Beach 60
Nautilus 50
Nissai Beach 90
Oasis 63
Odysseus 92
Paradise 101
Régina 97
Skála 94
Tellis and Brigitte 95

Bildnachweis/Impressum

The Three Brothers 101
Villa de Loulia 97

Restaurants
Bacchus 87
Belvedere 92
Dassia Beach 53
Etrusco 53
Eucalyptus 47
Golden Fox 81
La Cucina (Kérkira) 78
Lemon Garden 40
O Kafesas 43
Panórama (Perouládes) 97
Pumphouse 41
Tássos Village Taverna 87

The Drunken Duck 53
Theódoros 45
To Paradosiakon (Kérkira) 77
Trípa 56

Discos & Music Clubs
Apéritto (Kérkira) 75
Au Bar Corfu (Kérkira) 75
Cristal After Dark (Kérkira) 75
Elektron (Kérkira) 75
Golden Beach Bar 86
La Grotta Bar 92
La Notte (Kérkira) 75
Opera Music Café (Kérkira) 75
Privilege Club Prive (Kérkira) 75
Stablús (Kérkira) 75

Bildnachweis
Titelbild: Bucht bei Sidári
Vordere Umschlagklappe: Oberhalb der Klosterinsel Vlachérna
S. 1: Fischer vor Kassiópi
S. 6/7: Nonne aus dem Kloster Kirás ton Ángelon in Áno Lefkími
S. 38/39: Im Garten des Achíllion
S. 106/107: Küste bei Paleokastrítsa

Fotografen:
Farbdia-Archiv Gunda Amberg (Gröbenzell): S. 6/7, 41, 64/65, 110, Umschlagrückseite (u)
Klaus Bötig (Bremen): S. 8, 22, 38/39, 46/47, 54/55, 59, 61, 83, 112
Rainer Hackenberg (Köln): Umschlagklappe vorn, S. 1, 9, 14, 67, 72
laif (Köln): Titel, S. 3, 12, 18, 24, 84/85, 88/89, 105, 106/107, 108
Marion Steinhoff (Krefeld): S. 102, 116
White Star (Hamburg): S. 2, 28, 44/45, 100/101, 114, Umschlagrückseite (o)

Kartografie: DuMont Reisekartografie, Fürstenfeldbruck
© DuMont Reiseverlag, Ostfildern

Alle Angaben ohne Gewähr. Für Fehler können wir keine Haftung übernehmen.
Ihre Anregungen und Korrekturhinweise greifen wir gern auf.
DuMont Reiseverlag, Postfach 3151, 73751 Ostfildern, E-Mail: info@dumontreise.de,
Internet: www.dumontreise.de

2., aktualisierte Auflage 2007
© DuMont Reiseverlag, Ostfildern
Grafisches Konzept: Groschwitz, Hamburg
Printed in Germany